Telepathie – Kommunikation der Zukunft

AF211416

Das Buch:

Bisher wurden mit dem Begriff Glauben fast ausschließlich konfessionelle Vorstellungen verbunden. Mit dem rapiden Niedergang aller Konfessionen verliert automatisch auch der Glaube seine bisherige Bedeutung, verschwindet im Wortglauben, wird als Aussage kaum noch ernstgenommen und von wissenschaftlicher Seite regelrecht desavouiert oder endgültig aus dem wissenschaftlichen Vokabular gestrichen. Da jedoch die Wissenschaft heute selbst an der Grenze ihrer Aussagefähigkeit angelangt ist, und sie ähnlich wie der Glaube in überholten Denkmustern verharrt, kann man allerorts Versuche beobachten, die sich selbst auferlegten Grenzen zu überschreiten, was jedoch nur über ein neues Bewußtsein gelingen kann. Die Bewußtseinsentwicklung der heutigen Menschheit ist am Endpunkt ihres Äons angelangt. Mit dieser deffizitären Endphase des mentalen Bewußtseins hat die Menschheit ihr Etappenziel erreicht, um von nun an durch ein neues Bewußtsein, ein supramentales oder integrales, abgelöst zu werden. Mit diesem sind ganz neue Wahrnehmungsmöglichkeiten verbunden, die wir heute noch als parapsychologische Phänomene definieren, darunter – als die bedeutendste – die Telepathie.

Das Buch soll den Leser anregen, über dieses für die Zukunft wichtige Thema nachzudenken. Fragen/Anregungen sind erwünscht unter **anonymos-telepathie@web.de**

Telepathie –
Kommunikation der Zukunft

ANONYMOS

1. Auflage 2005 © ANONYMOS

Alle Rechte liegen beim Autor
Herstellung und Verlag: Books on Demand GmbH, Norderstedt

ISBN 3-8334-3158-X

Buchgestaltung:
tastdesign, Düsseldorf, www.tastdesign.de
Umschlagbild: Hieronymus Bosch„„Johannes auf Pathmos"

Bibliografische Information Der Deutschen Bibliothek:
Die Deutsche Bibliothek verzeichnet diese Publikation in der Deutschen
Nationalenbibliografie; detaillierte bibliografische Daten sind im Internet
über <http://dnb.ddb.de> abrufbar.

Inhalt

„Und Gott sprach:
Es werde Licht!
Und es ward Licht!"

Vorwort

Gewisse psychische Fähigkeiten sind Menschen und Tieren gemeinsam. Diese Fähigkeiten sind instinktiv und gehören dem animalischen Körper an, jedoch sind sie bei den meisten Menschen unter die Schwelle des Bewusstseins gesunken, unerkannt und daher nutzlos. Im Laufe der Phylogenese bildet sich bei den Tieren allmählich ein Bewusstsein heraus, ein Bewusstseinsfeld mit einem Zentrum, das bei den Primaten bereits an ein Ichbewusstsein angrenzt. Beim Menschen endlich werden alle wesentlichen Frequenzen des schöpferischen Bewusstseins zu einer Synthese integriert, so dass eine neue Qualität entsteht – die menschliche Seele. Den Instinkten vergleichbare Fähigkeiten wie Hellsehen, Hellhören oder Telepathie findet man auch beim Menschen, was heute in dessen höherem mentalen Bewusstseinsbereich immer stärker wiedererweckt zu werden scheint. Alle diese Fähigkeiten sind immer auch mit dem physischen menschlichen Mechanismus verbunden und dienen dazu, den Menschen mit den Aspekten der Erscheinungswelt in Verbindung zu bringen. Sie sind das Ergebnis der Wirksamkeit der Seele im Menschen und entsprechen dem Aspekt des Heiligen Geistes. Alle diese Kräfte werden offenbar, sobald die Seele bewusst aktiv wird. Erst wenn die entsprechenden mentalen Fähigkeiten im Bewusstsein vorhanden sind, „erwachen" diese oder Teile dieser höheren geistigen Fähigkeiten wie geistiges Wahrnehmen mit seinem unfehlbaren Wissen und die Intuition mit ihrer untrüglichen Urteilskraft. Die modernen westlichen Erziehungsmethoden haben den Menschen nicht nur mit dem Gedanken vertraut gemacht, dass er ein Denkvermögen besitzt, sondern dass für viele die Erlangung intellektueller Fähigkeiten die Krönung des Evolutionsprozesses bedeutet. Wenn jedoch die östlichen Meditationstechniken mit ihren Stufen der Konzentration, Meditation und Kontemplation auch im Westen stärker angewandt würden, könnte das Denken bis zur höchsten Entwicklungsstufe ausgebildet und dann von einer noch höheren Fähigkeit, nämlich der Intuition, abgelöst werden. An diesem Punkt trennen sich die Wege zwischen West und Ost. Die westlichen Methoden vermögen nur selten in das Reich der Intuition oder der Erleuchtung zu führen. Tatsache ist, dass im Westen die Idee eines erleuchteten Bewusstseins eher belächelt, und viele vorhandene Beweise dafür den Halluzinationen eines überstimulierten Mystikers oder psychopathischen Fällen zugeschrieben werden. Der Westliche befürchtet nämlich, dass man einen Zustand der Erleuchtung nicht mit dem alltäglichen Leben vereinbaren könne. Doch auch das Licht der Erleuchtung und der Inspiration lässt sich mit den täglichen Beschäftigungen sehr gut vereinbaren.

„Wenn es allmählich gelingt, den Kreislauf des Lichts in Gang zu bringen, so darf man dabei seinen gewöhnlichen Beruf nicht aufgeben. Die Alten sprachen: Wenn die Geschäfte auf uns zukommen, so muss man sie annehmen; wenn die Dinge auf uns zukommen, so muss man sie bis auf den Grund erkennen. Wenn man durch rechte Gedanken die Geschäfte in Ordnung bringt, so wird das Licht nicht von den Aussendungen (Beeinflussungen) umgetrieben, sondern das Licht rotiert nach eigenem Gesetz."

(Chinesische Weisheit)

1. Licht als Informationsträger

„Gott als Schöpfer will sein Ebenbild, die Schöpfung, so vollkommen ausdrücken, wie dieselbe dieses zu tun imstande ist. Eine einzige Art hätte dazu nicht genügt, da diese gottgleich hätte sein müssen, was unmöglich ist. Es ist darum eine große Anzahl endlicher Dinge erforderlich, um die Vollkommenheit der göttlichen Existenz annähernd auszudrücken."

(Thomas von Aquino)

Die ganze Schöpfung ist Licht und besteht aus den Frequenzen der Urenergie oder dem ÄTHER. Die Allgegenwart Gottes hat ihre Grundlage im Äther, der Substanz des Universums. Das ist ein Sammelbegriff, der alle Energien umfasst, die miteinander in Wechselbeziehungen stehen. In der Ausschüttung des Lichtes im Schöpfungsakt setzt Bohm („Chaostheorie") den Begriff Chaos mit der Liebe gleich und den Begriff der Kohärenz mit Weisheit (In den eigenartigen kohärenten Zuständen gilt für die Quantenphysik die sogenannte „Unschärferelation": Vereinigung unvereinbarer Gegensätze zu einer neuen höheren Einheit. Kohärente Zustände liegen mitten zwischen Teilchen- und Wellenaspekt). Chaos ist die Ausschüttung und das Ausfließen der Liebe in Form des Lichtes aus Gott. Die Liebe enthält die Weisheit in sich, die aber erst nach der Ausschüttung wirken kann. Die Weisheit ist die im Chaos noch nicht erkennbare Ordnung und der Wille zur Gestaltung. Ohne Ausschüttung keine Ordnung, ohne Ordnung keine Schöpfung. Gott ist beides. In der Schaffung der Schöpfung ist es ein Prozesshaftes, Gleichzeitiges und insofern zugleich Einheit und Trennung der Liebe in Liebe und zu Liebendes, was einzig und allein zur Gestalthaftigkeit drängt. Insofern ist die Quantentheorie völlig richtig: Sie hat jene Unschärfe erkannt zwischen Teil und Welle – beide sind untrennbar Getrennte („*Reine Kohärenz, Wellenhaftigkeit gibt es in Wirklichkeit ebenso wenig wie reine Teilchenhaftigkeit, die Inkohärenz. Beide sind ineinander verflochten und rückgekoppelt, können aber einander nie völlig vernichten.*" David Bohm)

Materie ist aus Schwingungen aufgebaut. Materieteilchen sind Verdichtungen von Schwingungsfeldern. Das geschieht durch Überlagerungen (Interferenzen) von Schwingungen. Dabei ordnet sich in den Schwingungsknoten, wo sich die Kräfte aufheben, Materie an. Durch Energiezufuhr entstehen dynamische Strukturen, die sichtbarer Ausdruck eines unsichtbaren Schwingungsfeldes sind. Das Licht ist dabei das organisierende Prinzip der Materie, denn die Frequenzen bestimmen die Strukturen. Sonnenlicht verknüpfte die ersten Moleküle zu größeren Gebilden, die die Anfänge der biologischen Entwicklung darstellen. Darum befindet sich auch in allen biologischen Gebilden Licht – die BIOPHOTONEN. Die sind notwendig für die Kommunikation der Zellen und Informationen. Resultat: Die Gesamtheit aller Lebewesen (Biosphäre) ist durch das Licht miteinander verbunden, eine sich gemeinsam entfaltende Einheit. Die Biophotonen sind dabei die optimalen Regulatoren aller chemischen Umsetzungen, denn der gesamte Stoffwechsel wird zentral von ihnen gesteuert.

Darum kann man das „Licht" als Mittler zwischen Körper und Seele bezeichnen, weil es ein fließender Bereich zwischen Materie, Seele und Geist ist. In diesem Zusammenhang spricht Sheldrake[1] von so genannten morphogenetischen Feldern, einer Art „Erinnerungscontainer": Hinter jeder zum ersten Mal gebildeten Struktur, sei es Gedanke, Handlung oder materielles Objekt, stehe ein Feldmuster, das nicht elektromagnetischer Natur sei, sondern jenseits von Zeit und Raum unabhängig existiere. Die daraus folgende Hypothese: Hinter der materiellen Teilchenebene liegen weitere grundlegende

[1] Literaturnachweis: „Engel, die kosmische Intelligenz" von Matthew Fox, Rupert Sheldrake

„Ebenen" (Frequenzbereiche, Geistbereiche, Bewusstseinsstufen), aus denen die gegenständliche Welt wie aus einer feinstofflicheren und dem Geist näheren „Urmaterie" (Urenergie) hervorgeht und sichtbar wird. Diese Biophotonenfelder stehen an der Spitze der Regulierungshierarchie im materiell-physikalisch erfassbaren Bereich. Darüber gibt es nur noch die Urenergie.

Die ganze Schöpfung besteht ferner aus unendlich vielen Dimensionen, bei denen es sich um sehr unterschiedliche Frequenzbereiche handelt. Im Kosmos, der so genannten „materiellen Welt", ist der Frequenzbereich natürlich ein anderer als in den darüber liegenden Dimensionen. Insofern ist die im Kosmos gemessene Lichtgeschwindigkeit auch in der Tat ein „absolutes Maß" für Zeit und Raum in dieser Dimension, jedoch niemals für die gesamte Schöpfung, in der es weder Zeit noch Raum gibt! Diese Tatsache sollte ständig bei allen hypothetischen und wissenschaftlichen Überlegungen mitbestimmend sein. Gedanken, die auch auf Frequenzen beruhen, sind z.B. um ein Vielfaches schneller. Die Lichtgeschwindigkeit ist also im Kosmos der alleinige Informationsträger und zugleich Transmitter für die anderen Dimensionen, die jedoch den Menschen erst dann zugänglich sein werden, wenn ihre geistige und biologische Wandlung dahingehend fortgeschritten ist, dass die im Menschen latent angelegten Lichtmöglichkeiten bewusst eingesetzt werden können.

In „Das Licht in unseren Zellen" ist der Ausgang aller Überlegungen, dass alle Materie belebt ist und die Strahlungen darin bereits bestimmend sind für die sich daraus formende Struktur. Alles ist vom Leben durchflutet, es gibt nur unterschiedliche Aggregatzustände. Auch die menschliche Entwicklung ist letztlich vom biophotonen Prozess mit gestaltet; allerdings sind nur die Anfänge aller Lebensprozesse so zu verstehen, z.B. wie Moleküle zusammenfinden und auf diese Art kommunizieren – nämlich über die Photosynthese. Aber das menschliche Bewusstsein ist von dieser Lichtspeicherung nicht mehr abhängig. Der Mensch als höchste Organisation aller biologischen Möglichkeiten erhält seine Bewusstseinsentwicklung durch ganz andere Kanäle, wobei auch in diesem Fall alles über das Licht als Geistsubstanz geht; was aber nicht mehr nur eine Belebung beim Menschen in Gang setzt, sondern die bereits im Menschen latent vorhandenen Möglichkeiten der Bewusstseinserweiterung aktualisieren muss. Dabei ist die DNS der größte Lichtspeicher, jedoch erfolgt darüber hinaus die Speicherung auch in der ganzen Zelle.

2. Der Ätherkörper als Informationsempfänger

„So wie jeder Moment des Bewusstseins einen gewissen expliziten Inhalt hat, der ein Vordergrund ist, und einen impliziten Inhalt, der ein dazugehöriger Hintergrund ist, so hat auch ein Materieteilchen oder eine Welle als expliziter Teil einer Ganzheit ihre Ergänzung in der impliziten Ordnung."

(David Bohm)

In der Schöpfung gehört alles zusammen. Darum besitzt die kosmosbedingte Menschheit auch alle Substanzen der Schöpfung. Der Mensch hat einen biologisch-physiologischen materiellen Körper (der erste, für uns sichtbare Körper) als Träger der Sinne und den ÄTHERKÖRPER (der zweite Körper), der mit diesem materiellen Körper eng verbunden ist. Dieser Ätherkörper ist aus feinstofflicher Substanz, die aus den anderen Frequenzbereichen stammt und die Verbindung zum universellen Zentrum darstellt. Über diesen erfolgen alle Transformationen des Lichtes als Urenergie. Die Seele ist nun nicht mehr feinstofflich, sie ist der Geistfunke aus dem Zentrum und das Allesbelebende der ganzen Schöpfung. **Das Integral einer jeden Form im Universum ist der Ätherkörper.** Das gilt auch für den Menschen als Geschöpf. Durch den Ätherkörper ist der Mensch mit allen Wesen des göttlichen Lebens verbunden. Der Ätherkörper ist das gestaltgebende Prinzip im Universum, das „Erscheinende", und damit zugleich das Prinzip der „Materie", der Form und sichtbaren Außenwelt. Die Funktion des Ätherkörpers besteht darin, Energieimpulse aufzunehmen, die das Leben sind; denn der Ätherkörper ist nichts anderes als Energie. Diese Energie geht von einer zentralen Stelle als universales „Denken" aus. In der Schöpfung gehört alles zusammen.

Der Ätherkörper ist der „Traumkörper", in dem man zwar auch Wahrnehmungen hat, die aber nicht mit den grobstofflichen Sinneswahrnehmungen zu vergleichen sind. Diese feinstofflichere Substanz ist dem Geistursprung darum auch viel ähnlicher. Über diesen „Körper" erfolgen alle Vorstellungen, Gedanken, die Fantasie und das Denken.
Der dritte „Körper" wäre dann der Kern oder besser die Seele, die den Ätherkörper belebt, der wiederum die Lebendigkeit des grobstofflichen Körpers ermöglicht. Die Seele ist noch nicht mal feinstofflich, sie ist der Geistesfunke aus dem Zentrum, das Allesbelebende der ganzen Schöpfung. Die Seele ist das Produkt aus Geist und Materie und ist daher das verkörperte Leben Gottes. Sie kommt ins Dasein, um die Eigenschaft von Gottes Natur, die wesenhafte Liebe ist, offenbar zu machen. Dieses formgewordene Gottesleben der Liebe lebt in allen Formbildungen und offenbart zuletzt den Zweck der ganzen Schöpfung.

Dieser Geistfunke aus dem Zentrum, das „universale Denken", erfährt in der hierarchischen Folge der Schöpfung eine ständige Verwandlung. Dabei erfahren die hohen Frequenzen aus dem Zentrum innerhalb des „Abstieges" bis hin zur Materie eine permanente Reduzierung, indem sie über Engel, Geister und höchste menschliche Wesen weitergeleitet werden. Das Universum ist hierarchisch in unterschiedlichen Frequenzbereichen angeordnet, wobei innerhalb dieser unterschiedlichen Dimensionen der Kosmos die für uns rein materielle Welt ist, in der jedoch auch der Geist das letztlich Bestimmende ist, weil das Entscheidende immer die alles auslösende Energie ist.

Alles ist vom Leben durchflutet, wobei es nur unterschiedliche Aggregatzustände gibt. Auch die menschliche Entwicklung ist letztlich vom biophotonen Prozess mitgestaltet geworden, wobei allerdings nur die Anfänge aller Lebensbewegungen darunter so zu verstehen sind, wie z.B. Moleküle zusammenfinden und auf diese Art über die Photosynthese kommunizieren.

3. Solare und planetare Verbundenheit

„Der Schöpfer der Welt entfesselte durch einen Willensakt die schlummernden Potentialitäten der Materie. Damit nimmt der Schöpfungsprozess seinen Anfang und seine eigenen Potentialitäten entfalten sich stufenweise. So manifestiert er sich in der unterschiedlichen Vielheit der Welt. Diese Unterschiede in der Vollkommenheit haben die hierarchische Differenzierung zur Folge."

(Thomas von Aquino)

Das im Schöpfungsakt ausgegossene Licht ist die Sichtbarmachung des Geistes und enthält als Geistesausfluss alle Grundelemente bereits in sich, die sich dann im ausgegossenen Licht durch Überschneidung der Wellen zu Teilchen zusammenfinden wie bei einer Zeugung und auf diese Weise die Materie von licht bis hin zu dicht ermöglichen. An sich ist das ein ganz einfacher Vorgang, doch dieser Vorgang von der Zeugung bis hin zur Gestaltwerdung ist für den heutigen Menschen ein noch nicht vorstellbarer Prozess. Das zu erkennen wird erst über ein neues Bewusstsein aus höheren Ebenen möglich sein. Doch dann ist es nicht mehr von Interesse, weil alles Geschaffene an diesem Vorgang teilhat und nicht wie in der kosmischen Dimension davon ausgeschlossenes Endprodukt ist. Es ist aber trotzdem sehr wichtig, diese Erkenntnis wieder zu finden und zu entdecken, weil nur so die der Menschheit verloren gegangene Dimension als Bewusstsein auf dem Rückweg zum Zentrum wiederzufinden ist – was im Abstieg der Schöpfung zu wissen nicht notwendig war, weil alles noch im Gesetz des Ursprungs stand, während es jetzt erneut als Bewusstwerdung durch die Liebe wiederbelebt werden muss.

Alice Bailey[2] schreibt dazu:
Alle Lebensformen auf unserem Planeten werden von mehreren Arten von Lichtsubstanz beeinflusst. Diese sind im Einzelnen:

1. Das Licht der Sonne.
2. Das Licht, das im Planeten selbst steckt. Damit ist nicht das reflektierte Licht der Sonne gemeint, sondern die Strahlung, die der Erde eigen ist.
3. Eine Lichtart, die von der Astralebene einsickert; dies ist ein „astrales Licht", das stetig und immer stärker zu uns vordringt und sich mit den beiden anderen strahlenden Lichtarten verbindet
4. Ein Licht, das aber gerade erst begonnen hat, mit den drei anderen Lichtqualitäten zu verschmelzen; es kommt aus jenem Zustand der Materie, den wir die "mentale Ebene" nennen - ein Licht, das aus dem Reich der Seelen zurückgestrahlt wird. Dieser letztere Lichtstrom wird ständig stärker, und zwar seit der Zeit, als der Mensch die Anwendungsmöglichkeiten der Elektrizität entdeckte. Diese Entdeckung war eine direkte Folge der verstärkten Lichtfülle. Der Gebrauch von Elektrizität auf dem ganzen Planeten ist eines der Momente, das die neue Zeit einleitet und dazu beitragen wird, die Gegenwart der Seele zu offenbaren. Diese Lichtzunahme wird bald so stark werden, dass sie auf physikalische Art dazu beitragen wird, den Schleier zu zerreißen, der die Astralebene von der physischen Welt trennt. Das trennende ätherische Gewebe wird sich bald auflösen, und dadurch wird das

[2] Literaturnachweis: Alice Bailey / Gesamtwerk/ Genf 1932

Licht viel rapider hereinfluten können. Das Licht der Astralebene (das wie ein Stern schimmert) und das Eigenlicht des Planeten werden sich enger vermischen und daraus werden sich für die Menschheit wichtige Folgen ergeben. Das menschliche Auge z.B. wird tiefgehend beeinflusst werden und die ätherische Vision, die heute nur selten anzutreffen ist, wird Allgemeingut sein. Die Skala der infraroten und ultravioletten Farbtöne wird in unseren Wahrnehmungsbereich kommen, wir werden das wahrnehmen können, was uns bisher versagt war zu sehen. All das wird die Plattform erschüttern, auf der die Materialisten stehen und wird den Weg ebnen – zum einen dafür, dass die Theorie von der Seele eine annehmbare und vernünftige Hypothese ist, und zum anderen werden weitere Beweise für ihre Existenz ans Tageslicht kommen. Was uns im esoterischen Sinne Not tut, ist „mehr Licht", um die Seele zu „sehen"; dieses Licht wird uns in Kürze zur Verfügung stehen und wir werden dann den wahren Sinn der Worte erfassen: „Und in Deinem Licht werden wir das Licht sehen."

Diese Erweiterung des Bewusstseins wird den Menschen neue Bewusstseinsdimensionen und einen neuen Seinszustand erschließen. Die Bewusstseinserweiterung zeitigt eine zunehmende Empfindungsfähigkeit und daraus entwickelt sich der Spiritualismus. Allerdings liegt darin auch die Ursache für die derzeitigen starken nervösen Spannungen unter den Menschen und für die immer häufigeren neurotischen Symptome heute. Diese Sensibilität ist die Rückwirkung des menschlichen Wahrnehmungsapparates auf die näher kommenden Ereignisse, und die ganze Menschheit kommt dabei in eine eigenartige Verfassung, in der sie fähig wird, das zu „sehen und zu hören", was bis jetzt verhüllt war. Auch die Zunahme der Wahrnehmung ätherischer Dinge und die wachsende Zahl der Menschen mit hellsichtigen und hellhörigen Eigenschaften erbringt immer wieder die Bestätigung für die Existenz der Astralebene und des ätherischen Gegenstücks zur physischen Welt. Immer mehr Menschen nehmen diese subjektive (innere oder feinstoffliche) Welt wahr. Sie sehen Gestalten umherwandeln, die entweder so genannte „Verstorbene" sind oder solche, die während des Schlafes ihr Körperkleid abstreiften.

Hingegen ist die Aura lediglich ein elektromagnetisches Feld des grobstofflichen Körpers, das über die Befindlichkeiten des ganzen Menschen wichtige Auskunft geben kann. Es ist die Aura als Ausstrahlung, die Auskunft über die Verfassung eines Menschen hinsichtlich seiner grobstofflichen Befindlichkeit und des damit verbundenen Ätherkörpers als Einstrahlung gibt. Allerdings ist das Sehen der Aura heute nur noch wenigen Menschen möglich. In früheren Zeiten sahen die Menschen die Aura ständig und richteten sich danach. Durch die immer stärkere Rationalisierung der Menschen ist diese Fähigkeit fast ganz verloren gegangen, wird aber im nächsten Äon von der Menschheit auf einer höheren Ebene, also mit neuem Bewusstsein, wieder entdeckt werden.

Alles ist Strahlung, weil alles Licht ist. Darum sollte eine weitere wissenschaftliche Forschung nur in diese Richtung gehen. Nur diese noch immer so sehr verketzerte Richtung führt in der Wissenschaft weiter, denn es müssen die Energien der Strahlungen selbst erkannt werden und ihre Wirkungen, nicht ihre Ursachen müssen untersucht werden (teleologisch); wie z. B. die informativen Wirkungen von Wellen in der Bio-Informatik. Für diese Forschung gibt es zwar schon seit ca. 100 Jahren Ansätze, aber die meisten Wissenschaftler sträuben sich noch immer zu sehr, die Schöpfung als ein in sich absolut vernünftiges, stimmiges System anzuerkennen, in dem es den Zufall überhaupt nicht gibt, sondern nur ein vollkommenes System geordneter Wellen. Allerdings sind Störungen darin absolut notwendig, um das System zu erkennen. Denn nur über Störungen kann man die Vollkommenheit erkennen. Es ist wie mit dem Bösen, das notwendig ist, um die Entwicklung zur Vollkommenheit überhaupt in Gang zu halten. Die ganze Schöpfung ist Licht, aber in den unterschiedlichen Dimensionen sind auch unterschiedliche Frequenzbereiche. Im Kosmos, der so genannten materiellen Welt, ist der Frequenzbereich natürlich ein anderer als in den darüber liegenden Dimensionen.

4. Die Entwicklung des menschlichen Bewusstseins

„Die wahre Bewegung, die allem zugrunde liegt, ist die Bewegung des Denkens. Wahre Energie ist die Energie des Bewusstseins."

(P.D. Ouspensky)

Die Bewusstwerdung ist der sehr lange Bewusstseinsprozess der Menschheit, denn das menschliche Bewusstsein hat nicht nur im Laufe der überschaubaren historischen Entwicklung große Umwandlungen erlebt, auch jeder einzelne Mensch erfährt im Laufe seines Lebens von der Kindheit an einen permanenten Veränderungsprozess seines Bewusstseins. Denn jeder Mensch absolviert bekanntlich in seiner Ontogenese in zusammengeraffter Form die sich über Jahrtausende erstreckende Phylogenese der gesamten Menschheit.

Für die Entwicklung des menschlichen Bewusstseins benennt nun J. Gebser in seinem groß angelegten Entwurf „Ursprung und Gegenwart" vier Bewusstseinsmutationen: 1. Archaische / 2. Magische / 3. Mythologische und 4. Mentale Grundstruktur des jeweiligen Bewusstseins.

„Dabei integriert die jeweils folgende Epoche die Wirklichkeit der bisherigen voran gegangenen Strukturen. Jede höhere Bewusstseinsform integriert also die vorherige, indem sie diese mit dem neu erreichten Bewusstseinsstand verwandelnd wirksam macht."

(Ken Wilber)

Die archaische Bewusstseinsstruktur ist eine null-dimensionale, traum- und zeitlose Ununterschiedenheit von Mensch und All. Es herrscht ein noch problemloser Einklang von Natur und Mensch. Die Seele schläft noch. Die Wahrnehmung ist ein rein sinnliches Bemerken und hat gegenständlichen Charakter. Die einfachste, nicht mehr unterscheidbare Qualität ist das Empfinden, das Lust-Unlust-Prinzip. (Neandertaler, Vormenschen – dieser Bewusstseinszustand entspricht dem Säugling und Kleinkind).

Die magische Bewusstseinsstruktur wird bereits zur eindimensionalen und tritt aus der Raum-und Zeitlosigkeit heraus. Jedoch alles, was noch in der Seele schläft, ist vorerst nur spiegelbildlich im Außen wach. Der Mensch beginnt zu wollen, doch ein sittliches Bewusstsein, das eine Verantwortung zu tragen imstande wäre, weil es auf einem klaren Ich beruht, liegt für die Ich-Losigkeit des magischen Menschen noch nicht vor. Es handelt sich jetzt um ein erlebendes Wahrnehmen, so dass bereits eine Art Weltinnewerden zustandekommt, weil sinnliche Einwirkungen in ein Erleben übersetzt werden. Diese Phase entspricht dem Kleinkind, der Trotzphase mit dem Beginn eines Ichbewusstseins (Gruppen-Ich, Magie und Zauber, Große Mutter).

Die mythologische Bewusstseinsstruktur beinhaltet bereits die Bewusstwerdung der Seele und damit zugleich auch die der Zeitlichkeit aller Lebensprozesse. Der Mensch tritt in die Spannung einer zweidimensionalen Polarität. So wird jetzt neben der „Erde" auch der „Himmel" erkannt. Das Erfahren der Seele ist das sichtbarste Zeichen einer Bewusstwerdung des eigenen Ichs, und auf dem Umweg über das Erwachen zu sich selbst, erwacht auch das Du. Dem mythologischen Bewusstsein als Erfahren einer Seele entspricht ein imaginäres Wahrnehmen, weil neben dem äußerlichen Wahrnehmen auch eine Traum- und Vorstellungswelt bereits erfahren und erlebt wird. Diese Phase entspricht der Kindheit, Einschulung und dem Beginn einer ersten Sozialisierung – (Ägypten, Astrologie, Vielgötterei).

Die Phase der mentalen Bewusstseinsstruktur setzt Gebser[3] zeitlich im ersten vorchristlichen Jahrtausend an: in Griechenland mit der Philosophie, in Israel mit dem Monotheismus und in Rom mit der Staatslehre – Moses – Platon – Kaiser Augustus. Als Gegengeburt zum Monotheismus ist die Geburt des voll erwachten Ichs zu sehen. Dualismus von Gott und Mensch. Reflektierendes Selbsterkennen und Verantwortlichkeit für das eigene Leben. Das von nun an reflektierende Wahrnehmen wird dreidimensional, weil über das erwachte Ich der Mensch in der Lage ist, über vordergründiges Wahrnehmen hinaus auch sich selbst und der Welt inne zu werden, was erstmalig ein Fürwahrnehmen ermöglicht und zum abstrakten Denken führt. Man könnte in diesem Zusammenhang von zwei Wahrnehmungsmöglichkeiten sprechen: Von einer horizontalen Verflochtenheit von Seele und Welt, dem so genannten Funktionieren im Leben und von einer vertikalen Ganzheit der davon unterscheidbaren seelischen Vollzüge und Zustände. Diese Phase könnte man vergleichsweise mit der Adoleszenz, dem Reifeprozess des Jugendlichen zum Erwachsenen sehen.

In der Gegenwart befindet sich nun die Menschheit wieder in einer Übergangsphase zu einer neuen Bewusstseinsstruktur, die Gebser als „vierdimensionale" bezeichnete. Darunter versteht er ein Bewusstsein, das transpersonal über das Ich hinausweist, im Sinne einer Transparenz neuer Wahrnehmungsmöglichkeiten: Diaphanität – Durchsichtigkeit auf ein Erscheinendes im Innern. Andere Bezeichnungen für dieses neue Bewusstsein sind supramentales, integrales oder raum- und zeitfreies, spirituelles Bewusstsein. Alle diese Begriffe meinen ein Gleiches, noch können aber darüber keine verbindlichen Aussagen gemacht werden. Wir können nur die neuen Möglichkeiten ansatzweise erahnen, weil sich die Veränderungen immer deutlicher bemerkbar machen.

[3] Literaturnachweis: Jean Gebser / Ursprung und Gegenwart / Novalis Verlag 1979

5. Zur heutigen Situation

„In Wahrheit stellen Wissenschaft und Religion keine Gegensätze dar. Für jeden ernsthaften Menschen bedingen sie einander, um sich gegenseitig zu ergänzen."

(Max Planck)

„Eine Religion, die der Wissenschaft widerspricht, und eine Wissenschaft, die der Religion widerspricht, sind gleichermaßen falsch."

(P.D. Ouspensky)

Das Geheimnis der großen Zeitepochen steht vor der Enthüllung, und durch die Offenbarung über das Wesen der Seele wird dieses Geheimnis gelüftet werden. Wir wissen, dass unsere jetzige Epoche das Ende des „Fischezeitalters" bedeutet. Im Laufe der nächsten 200 Jahre werden wir die Idee des Todes abtun oder vielmehr die bisherigen Auffassungen über den Tod gänzlich aufgeben, denn die Existenz der Seele wird als unumstößliche Tatsache erwiesen werden. Man wird erkennen und wissen, dass die Seele eine Wesenheit ist, die mit ihren treibenden Impulsen und ihrer geistigen Kraft hinter allen Erscheinungsformen wirkt. Das Werk Christi zeigt das Vorhandensein großer Kräfte, die in jedem Menschen schlummern, auf. Sein Ausspruch, dass wir alle Kinder Gottes seien und einen einzigen „Allvater" haben, wird in naher Zukunft nicht mehr als symbolische Äußerung angesehen werden, sondern als eine bewiesene wissenschaftliche Aussage gelten. Körper und Seele sind zwei Teile eines Ganzen. Sobald einmal die Tatsache bewiesen sein wird, dass es wirklich eine Seele gibt und dass der Körper ihr Ausdrucksmedium ist, wird die Zusammengehörigkeit beider Komponenten als ein Ganzes restlos erwiesen sein.

Überschaut man den Bewusstseinsstand der heutigen Menschheit, so stellt man fest, dass es von den archaischen Strukturen an (z. B. Aborigines, Pygmäen) über magische (z. B. Afrika) und mythologische (z. B. Indien) bis hin zu den mentalen Bewusstseinsstrukturen (z. B. Europa, Nordamerika) alle noch zeitgleich neben einander gibt. Die Bewusstseinsentwicklung ist also auf die gesamte Menschheit bezogen eine fließende, und sie umfasst gegenwärtig alle Stufen, wobei allerdings die jeweils höchste Bewusstseinsstruktur die für unsere Zeit bestimmende, weil integrierende ist.

Seit dem Beginn der mentalen Bewusstseinsphase (vor ca. 2500 Jahren) kann man zwei das Bewusstsein bestimmende Wirkkräfte beobachten: Denken und Glauben. – Hatten die Frühmenschen weder Erkenntnis noch Glauben, sondern waren auf die rein sinnliche Wahrnehmung und die Furcht vor Naturgewalten begrenzt, so entwickelte sich im weiteren Verlauf allmählich der Glaube an höhere Mächte bis hin zum Monotheismus, dem Glauben an einen Gott. Die intelligible Entwicklung verblieb dagegen noch lange im analogen mythologischen Bilderdenken und hatte sich noch nicht verselbstständigt – noch blieb das Religiöse das alles integrierende Moment. Das veränderte sich abrupt mit dem Beginn der mentalen Bewusstseinsphase. Beide Kräfte drifteten im weiteren Verlauf immer weiter auseinander. Vor allem seit dem Beginn der letzten defizitären Endphase des mentalen Bewusstseins (ca. ab dem 17. Jahrhundert) wirken ihre schöpferischen Impulse nicht mehr als gleichberechtigte zusammen, sondern haben eine eher feindliche Haltung eingenommen. Dabei verstieg sich das Denken in abstrakten Wissenschaften, und der Glaube verkümmerte zur leblosen Theologie, so dass heute die höchste Form des Denkens, die Erkenntnis, und die lebendige Basis des Glaubens, die Religion, nur in wenigen Menschen, in den Mystikern und Heiligen, noch lebendig sind. Mit dem Primat der Vernunft verschwand der Glaube völlig hinter Ungläubigkeit, Atheismus und Nihilismus. Scheinbare Sieger sind die Philosophie, die in Wissenschaftstheorien versandet, und die Naturwissenschaften, die um sich selbst kreisen und im euklidischen Denkmodell stecken bleiben. Die beiden tragenden Säulen unseres Bewusstseins, der Glaube und die Erkenntnis, sind damit an einem vorläufigen Endpunkt angekommen. Dieser Endpunkt ist aber zugleich auch ein Wendepunkt zu einem Start in ein neues Bewusstsein. Dabei bleiben Glaube und Erkenntnis als Prinzipien unseres Bewusstseins durchaus bestehen, verändern sich lediglich hinsichtlich ihrer Begrifflichkeit, Form und Bedeutungen.

Bisher wurden mit dem Begriff „Glaube" fast ausschließlich konfessionelle Vorstellungen verbunden. Mit dem rapiden Niedergang aller Konfessionen verliert automatisch auch der Glaube seine bisherige Bedeutung, verschwindet im Wortglauben, wird als Aussage kaum noch ernst genommen und von wissenschaftlicher Seite regelrecht desavouiert oder endgültig aus dem wissenschaftlichen Vokabular gestrichen. Da jedoch die Wissenschaft heute selbst an der Grenze ihrer Aussagefähigkeit angelangt ist und sie ähnlich wie der Glaube in überholten Denkmustern verharrt, kann man allerorts Versuche beobachten, die selbst auferlegten Grenzen zu überschreiten, was jedoch nur über ein neues Bewusstsein gelingen kann.

Die einzige Möglichkeit, unsere Bewusstseinsbegrenzungen zu überschreiten, geht aber bisher nur über den Glauben, d.h. über die Einbeziehung von Hypothesen in unsere Denkmodelle. Der Begriff Hypothese ist in seiner Bedeutung als Annahme oder Vermutung durchaus auch für Wissenschaftler ein akzeptabler Begriff anstelle des so bedeutungsvollen Begriffs Glauben. An den Grenzen unseres derzeitigen mentalen Bewusstseins angekommen, bleibt den Menschen keine andere Möglichkeit, als zu akzeptieren, dass unser menschliches Bewusstsein immer nur ein Teilbewusstsein in einem viel größeren Zusammenhang – nämlich eines kosmischen Bewusstseins – sein kann. Bereits unser Tagesbewusstsein wird von unserem Traumbewusstsein weit in eine andere Dimension überschritten, und darüber führt auch der Weg zur Überwindung unserer bisherigen Grenzen. Denn im Tiefschlaf befindet sich unsere Seele in einer anderen „Dimension" und damit zugleich in der nächst höheren Bewusstseinsebene. Diese Möglichkeit zwischen Dimensionen zu oszillieren macht deutlich, dass es außer unserer Bewusstseinsdimension noch andere gibt, und die Menschheit im Tagesbewusstsein einen nur episodenhaften Ausschnitt innerhalb eines größeren, kosmischen Rahmens ausmacht. Allein diese Erkenntnis eines übergeordneten Bewusstseinsprozesses ermöglicht es auch, die bisherige Bewusstseinsentwicklung der Menschheit sinnvoll zu verstehen. Denn die Erde – wie alles im Kosmos – ist ständig von einer spirituellen Hierarchie umgeben, deren Aufgabe es ist, als Vermittler der interdimensionalen evolutionären Energie zu dienen. Dadurch werden schöpferische evolutionäre Energiemuster geschaffen, die wiederum auch das physische Universum beeinflussen und erschaffen.

Diese zukünftige Kommunikationsmöglichkeit wird schon sehr bald, d. h. in den nächsten Generationen, von Bedeutung sein. Die Anlagen dafür waren immer schon im Menschen vorhanden, können jedoch erst jetzt aktualisiert werden, weil die Menschen ein immer größeres Maß an Empfangsbereitschaft für solche Frequenzeinstrahlungen erhalten, die bisher nicht wirksam werden konnten. So wie im Sonnensystem erst allmählich alle Planeten entdeckt worden sind, so konnten sich auch die einzelnen Bewusstseinsmöglichkeiten, die von den Planeten repräsentiert werden, erst entwickeln, nachdem die dafür entsprechenden Planeten entdeckt und bewusst wahrgenommen wurden. Vorhanden waren sie dagegen schon immer. Darum kann auch erst jetzt das neue Bewusstsein des Wassermannzeitalters aktualisiert werden. Es ist die Zeit des URANUS, dessen Wirkmöglichkeiten ab jetzt für alle Menschen bestimmend werden, weil sich die dafür bestimmten Empfangsmodule diesen Frequenzen mehr und mehr öffnen. Schon vor über 200 Jahren hat diese Öffnung begonnen, betraf jedoch bisher nur einzelne Menschen, vor allem die großen technischen Erfinder, aber auch Psychologen. Sie waren und sind die Vorläufer für die neue Bewusstseinsform, die jetzt auch die gesamte Menschheit erfassen wird. Dieses „uranische Prinzip" ist in der gesamten Schöpfung vorhanden, allerdings in den verschiedenen Dimensionen auch sehr unterschiedlich verteilt. Es ist das Prinzip, das den geistigen Fortschritt, vor allem im Kosmos, bestimmt und beeinflusst.

Es initiiert die Fähigkeit des Menschen, sich inspirieren zu lassen durch den Kontakt mit höher entwickelten Formen des Denkens und ermöglicht quasi ein Überschreiten der bisherigen Bewusstseinsmöglichkeiten in andere Dimensionen.

„Halbzeit der Evolution" – „ Nach der Umwandlung von einer Periode zur anderen verändert die Menschheit ihre innerliche und äußerliche Welt gemäß den größeren erkenntnismäßigen Strukturen der erreichten Ebenen."

(Ken Wilber)

Für Wilber[4] besteht dabei ein gravierender Unterschied zwischen äußeren Veränderungen, die er als Translationen bezeichnet, und inneren Verwandlungen, die für ihn Transformationen sind. Translationen beziehen sich dabei auf den äußeren zeitlichen Prozess auf der Horizontalen des Lebens, während Transformationen, also die Verwandlungen, eine Art vertikale Verlagerung oder Mutation von Bewusstseinsstrukturen sind. Genauso könnte man sagen, Veränderung sei eine Änderung von Oberflächenstrukturen, Transformation eine Wandlung von Tiefenstrukturen.

Veränderungen von Oberflächenstrukturen können nun in der Tat bereits durch Yoga oder Meditationen erreicht werden, niemals aber eine wirkliche Transformation der Tiefenstrukturen. Denn solange eine Wandlung noch von einem ICH erreicht werden will, ist sie zum Scheitern verurteilt. Lediglich eine gewisse Transparenz ist willentlich anzustreben. Es ist jedoch nicht möglich, Transzendenz über einer sich selbst auferlegten gehorsamen Enthaltsamkeit oder Selbstlosigkeit zu erreichen. Das wäre der vergebliche Versuch über die Erkenntnis, die Liebe zu erzwingen. Dieser Versuch muss scheitern, weil eine Transzendenz nur über die bedingungslose Hingabe erfolgen kann.

---

[4] Literaturnachweis: Ken Wilber / Halbzeit der Evolution / Fischer 1998

6. Der Ätherkörper

„Der Kontakt mit dem Weltgeist beruht auf religiösen Intuitionen, Gebet und Meditationen. So erfolgt die Kommunikation zwischen Gott und Mensch durch eine Art interpersonelles Kraftfeld. Der Logos manifestiert sich in der menschlichen Person und es kommt ein Dia-Logos zustande.“

(Martin Buber)

Die Entschlüsselung aller paranormalen Phänomene erfolgt einzig und allein über den Ätherkörper, und hierbei muss der Funktionsträger immer die Liebe sein; denn das Eindringen ins Bewusstsein anderer darf niemals von Ego-Intentionen begleitet werden, weil diese dann sofort als Raumverschluss wirken. So handelt es sich z.B. bei der Telepathie immer um eine sehr intensive Übertragungsweise des Ätherkörpers, der ja Träger und Ausdruck der gesamten Persönlichkeit ist. Eine Übertragung gelingt darum nur, wenn Liebe dabei die führende Kraft ist und niemals irgendwelche Machtmotivationen. Entscheidend dabei ist es darum, sich der Führung der Liebe ganz zu überlassen und alle bewussten gedanklichen Kontrollfunktionen auszuschalten, weil jede Höherpotenzierung von Frequenzen nur über die Chakren zu erreichen ist.

Hierzu Bailey: „Die Chakren sind die Energiezentren des Ätherkörpers, dessen Funktionen darin bestehen, Energieimpulse aufzunehmen und weiterzuleiten, Der Ätherkörper besteht aus feinstofflicher SUBSTANZ. Die Energie ist der beherrschende Faktor in jeder Erscheinungsform – alle manifesten Formen bestehen also aus Energie. Der Ätherkörper ist immer eine Ausdrucksform der vorherrschenden Energie, wobei er der Träger dieser Energie ist. Der Mensch reagiert je nach Epoche und Bewusstsein darauf.

1. Es gibt im manifestierten Universum nichts, was nicht eine feine und unberührbare, jedoch substanzerfüllte Energieform besäße, die den äußeren physischen Körper kontrolliert, beherrscht und in seinem Zustand bestimmt. Dies ist der Ätherkörper.

2. Diese Energieform wird innerhalb des Sonnensystems selbst bestimmt und gelenkt durch die vorherrschende solare oder planetarische Energie, darum unterliegt der Ätherkörper einem unaufhörlichen Wandel.

3. Der Ätherkörper besteht aus ineinandergreifenden und umlaufenden Kraftlinien, die von einer oder mehreren Ebenen oder Bewusstseinsbereichen unseres planetarischen Lebens ausströmen.

4. Diese Energielinien und dieses eng verwobene System von Kraftströmen sind mit den sieben Brennpunkten oder Zentren im Ätherkörper verbunden. Jedes dieser Zentren hat zu einer bestimmten Art von einströmender Energie Beziehung. Wenn die Energie, die den Ätherkörper erreicht, keine Beziehung zu einem besonderen Zentrum hat, dann bleibt dieses Zentrum in Ruhe und unerweckt; wenn sie aber verwandter Art sind und das Zentrum für ihre Einwirkung empfänglich ist, dann kommt das Zentrum in Schwingung und wird aufnahmefähig; es entwickelt sich dann zu einem beherrschenden Faktor im Leben des Menschen auf der physischen Ebene.

5. Der dichte, physische Körper wird durch die Energien, aus denen der Ätherkörper besteht, zusammengehalten und ist dessen Ausdrucksform.

6. Der Ätherkörper hat viele Kraftzentren, die auf die mannigfachen Energien unseres planetarischen Lebens reagieren. Die sieben wichtigsten Zentren, die auf die einströmenden Energien ansprechen, sind die sieben Chakren, die wiederum mit den Hauptdrüsen verbunden sind. Jedes Kraftzentrum versorgt die entsprechende Drüse

mit Kraft und Leben; diese Drüse ist die sichtbare Reproduktion des betreffenden Zentrums:

Chakren	Ätherköper	Physischer Körper
1. Chakra	Zentrum an der Basis der Wirbelsäule	Nebennieren
2. Chakra	Sakralzentrum	Keimdrüsen
3. Chakra	Solarplexus	Pankreas (Bauchspeicheldrüse)
4. Chakra	Herzzentrum	Thymusdrüse
5. Chakra	Kehlzentrum	Schilddrüse
6. Chakra	Zentrum zwischen den Augenbrauen	Hypophyse
7. Chakra	Kopfzentrum	Zirbeldrüse

Der Ätherkörper verändert sich ständig, um auf immer höhere Energien anzusprechen. Und somit auch den physischen Körper zu verändern. Denn der Ätherkörper durchzieht mit seinem Netzwerk jeden einzelnen Teil des physischen Körpers. Er ist mit dem Nervensystem verbunden, das er „ernährt". Diese Ernährung erfolgt über winzige Energieströme, deren Träger die NADIS sind (auch Meridiane genannt). Je nach dem Bewusstseinszustand, der Stärke des geistigen Strebens und der Entwicklungsstufe des Menschen, so ist auch die Energie, die über die NADIS in das Nervensystem fließt. Kontaktstellen sind die Chakren. Diese sieben Zentren befinden sich dabei nicht im grobphysischen Körper, sondern sind ausschließlich von ätherischer Substanz und stehen mit den Nadis in enger Verbindung.

Als sich das Menschengeschlecht weiter entwickelte, das Bewusstsein zunahm und bestimmte große Erweiterungen stattfanden, begannen die Zentren ihre nützliche Wirksamkeit auszudehnen, die Nadis zu verwenden und somit auf und durch das Nervensystem zu wirken. Dies führte zu einer bewussten und planvollen Tätigkeit auf der physischen Ebene, entsprechend dem jeweiligen Standort des Menschen in der Evolution. So schuf also die einströmende Energie, die den Ätherkörper bildete, den notwendigen ätherischen Mechanismus mit den entsprechenden grob-physischen Gegenstücken. Hierin liegt eine große Chance für alle Menschen, da ja das Gesetz der Evolution die ganze manifestierte Schöpfung immer mehr und mehr beherrscht. Denn alle Dinge sind zu innerst miteinander verbunden durch den Ätherkörper, der das Gerüst und die Grundlage alles Seienden ist. Die Ätherkörper aller Wesen sind die integralen Bestandteile des Universums. Und es gibt nur ein Leben, das durch alle Formen strömt. Sie sind alle miteinander verbunden und werden durch den integrierenden planetarischen Ätherkörper zusammengehalten. Unter dem Einfluss der ätherischen Energien verändert sich ständig die Form.

Die äußere Form verändert sich unter der Einwirkung der ätherischen Energien, die in die Form einströmen, durch sie hindurchgehen und wieder verschwinden – unaufhörlich, Äon um Äon. Die Energie, die in der einen Minute da ist, ist in der nächsten verschwunden. Dieses unaufhörliche Spiel der Energie variiert in Zeit und Raum, verläuft träge, schnell oder rhythmisch, je nach der Art oder Natur der Form, durch die sie gerade strömt. Im Verlauf der Äonen verändert sich die Energie der ätherischen Ebene beträchtlich, je nach der Richtung oder der Quelle, aus der sie kommt. Mit dem Fortschritt der Evolution ändert sich die herrschende Energie ganz deutlich.

7. Traumbewusstsein

*„Wenn wir in die Welt des Traumes zurücktauchen, werden Ich und
Bewusstsein, diese späten Produkte der Menschheitsentwicklung wieder
aufgelöst, denn der Traumzustand ist weitgehend nichtverbal und nicht
ichhaft. Der Traum ist darum nur von der menschlichen Frühzeit her zu
verstehen, in der alle Gestalten wie im Traum als Bilder, Symbole und
Projektionen erlebt wurden."*

(Ken Wilber)

Während des Schlafs hält sich die Seele des Menschen schon immer
in den höheren ätherischen Bewusstseinsebenen auf und ist quasi an
einen „Riesencomputer" angeschlossen. Dadurch erfolgt eine verstärkte
Ankoppelung unseres Ichs an höherdimensionierte Strukturen, wobei
sich der „feinstoffliche" Körper vom niederdimensionalen grobstofflichen Leib abhebt, um die schier unerschöpfliche Fülle vorhandener
feinstofflicher Energie aufzuladen. Das, was das Ich als Müdigkeit und
Sehnsucht nach Schlaf erfährt und im Tiefschlaf erlebt, ist die Erfüllung
seiner unbewussten Sehnsucht, sich als bewusstes Teilbewusstsein mit
dem ihm unbewussten Allbewusstsein zu verbinden. Nur diese meist
nächtlich erlebte Verbindung gibt dem Ich die Kraft und Energie, um
die umgewandelte Vertikalenergie als Horizontalenergie am Tage auf-
rechterhalten zu können; denn nur im Schlaf wird das menschliche
Leben erhalten. Darum ist z.B. eine Schlaflosigkeit über einen längeren
Zeitraum unmöglich. Das Modul ist in der Hypophyse, die dann auf
den Hypothalamus wirkt und die Verbindung für die zu übertragen-
den Energien herstellt, bei denen es sich um Energien aus dem feinstofflichen Bereich handelt, die sehr gefiltert aus dem geistigen Zentrum selbst kommen. Es handelt sich dabei um unterschiedliche
Wellen, wobei die einen mehr zum Auftanken der Energie gedacht

sind, die anderen beleben dagegen mehr das Unbewusste als Träume, die wiederum zur Lösung von Wachbewusstseinsproblemen helfen sollen. So sind z.b. Alphaschwingungen solche aus einem höheren Frequenzbereich, die verschiedenste Erscheinungen in der materiellen Dimension ermöglichen – mit der bisherigen Physik nicht erklärbar – wie die Parapsychologie. Thetawellen sind Wellen aus dem Bereich des Unbewussten bei völliger Abschaltung des Oberbewussten – das gilt auch für Deltawellen, die z.b. die starken Aktivitäten im Tiefschlaf, also im Traum, auslösen.

Alle diese Frequenzen werden nun empfangen, wobei wiederum der Mensch die Voraussetzungen für die Aufnahme der jeweiligen Frequenzen hat, die auch ganz bewusst geschaffen werden können. Allerdings hängt das nicht allein von einer Bereitschaft dafür ab. Denn es gibt auch dafür sehr unterschiedliche individuelle Entwicklungszeiten, in denen solche Möglichkeiten noch nicht angesagt sind oder andererseits bei manchen Menschen wegen einer gewissen Disposition für solche Zustände (z.B. Medien) früher erfolgen, als es für sie gut wäre. Daraus resultiert dann oft ein Auseinanderklaffen von Empfangen und Verstehen. Bei Frauen ist das häufiger der Fall, weil sie zwar empfangsbegabter als Männer sind, aber oft das Empfangene nicht einordnen können und darum auch oft nicht ernst genommen werden mit ihren Botschaften.

Um also diese Energien in das Wachbewusstsein zu bringen, muss noch mehr in Richtung der Traumwelt gedacht werden, weil nur dort die Urenergie direkt erfahrbar ist, was zukünftig durch die Öffnung von Modulen im Gehirn dem Bewußtsein zugänglich gemacht werden wird. Nur auf dieser Schiene erfolgt auch eine Art Umpolung der Frequenzen. Die Frequenzen der körperlichen Bedingungen verlieren dabei ihre kontrollierende und abdeckende Bedeutung, so dass die Frequenzen des Ätherkörpers jetzt pur durchstrahlen können, genau so wie im Traum, wo auch die Frequenzen des Wachbewusstseins ausgeschaltet sind. Bald werden die Menschen immer leichter die Frequenzen des Wachseins zu Gunsten der Traumfrequenzen herunterregeln können. Vorerst widerfährt es nur bestimmten Menschen, die dafür vorgesehen sind oder aus Krankheitsgründen einen Ausfall der Frequenzen des Wachbewusstseins haben (z.B. bei Schizophrenen). Denn es ist alles nur eine Welt, allerdings mit zwei sehr verschiedenen Bewusstseinszuständen. Ansätze für diese Auffassung sind gegeben, aber noch fühlt sich die Naturwissenschaft von einer solchen Hypothese abgestoßen. Dieses fatale Vorurteil muss überwunden werden. Dann erst kann der zweite Schritt erfolgen. So werden Hypnotiseure, Medien oder Hellsichtige dann als Erste diese Energien sichtbar machen können, aber nicht mehr als unterhaltsame Demonstrationen, sondern als diejenigen, die allen anderen die Augen öffnen werden.

Das Erreichen dieser nächst höheren Bewusstseinsdimension, so wie es im Traum bereits geschieht, ist nur durch eine Erweiterung unseres Bewusstseins möglich, wird aber dann eine noch viel größere Realität als bisher in unserer Dimension bekommen. Im Traum befinden sich die Menschen bereits jetzt in diesem Raum, der aber nicht mehr mit den jetzigen Raumvorstellungen vergleichbar ist. Noch haben die Menschen große Schwierigkeiten, sich über die dreidimensionale Vorstellungswelt hinaus zu begeben. Alle diese Vorstellungen sind jedoch nur Illusionen. So entstehen alle Raumvorstellungen nur durch die Zeitvorstellungen einer Bewegung in einer sich außer der Zeit ganz gleich bleibender Räumlichkeit. Dieser „Raumzustand" wird bisher nur im Traum erlebt, indem nie eine echte Zeitfolge erlebt wird, sondern allein nur Zustandsveränderungen, und zwar ohne Vergangenheit und Zukunft, also nur in permanenter Gegenwart. Diese Vorstellungen einer reinen Zustandswelt als Denkmodelle müssen in alle Überlegungen integriert werden. Das bedeutet, sich bereits im Wachzustand auf den Traumzustand zu konzentrieren, denn die Traumwelt ist die allen zugängliche nächst höhere Dimension. Dieser Bereich muss ins Tagbewusstsein „gehoben" werden, was aber wiederum nur über die Belebung der Chakren möglich ist.

Im Tagesbewusstsein wirkt vorerst der Intellekt noch zu sehr als Sperrfilter für schöpferische Ideen, die im Gegensatz dazu während des Schlafs uns frei zur Verfügung stehen. Man kann den Schlaf darum als einen über die Seele induzierten parabioenergetischen Aufladungs- und Regenerationsprozess zur Stützung unserer materiellen Existenz bezeichnen und den Traum als ein riesiges Reservoir fantastischer Vorstellungen; denn es handelt sich dabei um die permanente Ausschüttung der Urenergie bis hin zum sichtbaren Licht und der daraus folgenden Verdichtung der Materie, die bis in die Dreidimensionalität reicht und Raum- und Zeitvorstellungen notwendig macht. Das aber ist die aller äußerste Entfaltung dieser Energie, die in gestaffelter Form ihre Substanz verwandelt. Nur im Traum ist der Mensch in der Urform dieser Energie, die keines äußeren dreidimensionalen Raumes mehr bedarf.

Um also diese Urenergie ganz bewusst zu erleben, müssen die Möglichkeiten des Traumbewusstseins in das Wachbewusstsein gebracht werden, was in der Meditation zuweilen schon annähernd möglich ist, aber letztlich zukünftig nur über die Erweckung der Chakren auf dem Ätherkörper möglich sein wird. Noch sind die Menschen nur im Schlaf in diesem Zustand, denn der Schlaf fördert durch das Ausschalten störender Einflüsse des Bewusstseins paranormale Leistungen, die im Wachzustand nur sehr selten auftreten. Insofern hält sich das Unbewusste während des Schlafes ohne Probleme in einer höheren Bewusstseinsebene auf und geht dort quasi auf „Horchposten". Zwar suchen die Wissenschaftler leider heute noch immer nach rein physiologischen, physikalischen, medizinischen und biologischen Erklärungen, geraten aber unweigerlich in eine Sackgasse. Doch wenn sich die Forschung weiterhin nur auf materielle Aspekte und die darin befindlichen systemimmanenten Gesetze beschränkt, wird es nie eine Antwort geben.

„Die Zunahme des telepathischen Gedankenaustausches wird ein Zeitalter der Universalität und Synthese mit den Qualitäten erkannter Beziehungen und Reaktionsfähigkeiten einleiten. Dies wird der bedeutsamste Höhepunkt des Wassermannzeitalters sein. Wenn die Menschheit durch die sich weiterentwickelnde Anziehungskraft des mentalen Prin-

zips immer mehr zu einer mentalen Polarisation kommt, dann wird die Sprache für die Gedankenübermittlung zwischen Wesen auf gleicher Stufe oder im Verkehr mit höheren Wesen ungebräuchlich werden. Sie wird auch weiterhin angewendet werden, um die Massen und jene zu erreichen, die nicht auf der Mentalebene wirken. Lautloses Gebet, geistiges Streben und Verehrung werden schon jetzt für wertvoller gehalten als die gesprochenen Bitten und Erklärungen. Die Gesetze, Methoden und Vorgänge der telepathischen Verständigung müssen so klar dargelegt werden, dass sie einsichtsvoll und theoretisch verstanden werden können. Die neue Wissenschaft der Telepathie muss dafür rechte Begriffe schaffen und sie richtig definieren. Das wird eine Brücke schlagen zwischen der alten Art, einen Gedanken mit Hilfe des gesprochenen oder geschriebenen Wortes zu verstehen, und dem Zukunftsstadium, wo eine unmittelbare Empfänglichkeit für einen Gedanken möglich ist - nicht beeinträchtigt durch die Sprache oder irgendein anderes Ausdrucksmittel. Auf diese Weise können sie die Übergangsperiode überbrücken. Es wird etwa fünfhundert Jahre dauern, bis die Menschheit normalerweise telepathisch werden wird; mit „normal", ist „bewusst" gemeint."

(Alice Bailey)

Zwischen Makrokosmos und Mikrokosmos gibt es keine Grenzen. Materie und Energie fließen über höherdimensionale Strukturen wieder zusammen. Darum liegt auch die Wahrheit jenseits heutiger konventioneller Vorstellungen. Nur im Schlaf sind den Menschen bereits diese Möglichkeiten vorgegeben. Erst wenn das Unbewusste mit Hilfe des feinstofflichen Körpers (Ätherkörper) höhere Dimensionsebenen erreicht haben wird, können paranormale Wahrnehmungskanäle angezapft werden. So werden z. B. im Traum mittels der Urenergie vorstellbare „Felder" erzeugt, die durchaus einen Realitätsanspruch bekommen. In solchen Feldern herrscht Nullzeit! Um diese Energie in unser Wachbewusstsein zu bringen, müssen wir wie in der Meditation in Richtung der Traumwelt denken, indem wir unser Ich als Kontrollorgan ganz eliminieren. Denn nur über diese Schiene ist das Erkennen und Erfahren dieser Urenergie möglich. Die Traumwelt muss ganz ins Oberbewusstsein transponiert werden, um wieder voll bewusst an diese Energie angeschlossen zu werden. Der Traum ist gewissermaßen der Ort, an dem die beiden Pole sich berühren, um dann im integralen Bewusstsein zu verschmelzen.

Träumen ist ein Zustand – Wachen dagegen immer ein Prozess. Entscheidend dabei ist der Unterschied durch die „Ich-Kontrolle", die immer an einen zeitlichen Prozess gebunden ist, an ein Vorher und Nachher. Das gibt es im Traum nicht; denn da ist alles eine zeitlose Gleichzeitigkeit, was einem Zustand entspricht. Schlaf ist somit permanente Gegenwart, Wachen dagegen immer reine Zeitlichkeit. Natürlich gibt es auch im Traum eine Art Abfolge als Bewegung; diese wird aber nicht als Zeitfolge empfunden, weil es eben auch keinen folgerichtigen Ablauf gibt, der überhaupt erst einen zeitlichen Prozess ermöglicht und vorstellt. Bei Schizophrenen vollzieht sich darum oft alles wie im Traum, ohne so genannte logische Abfolge, d.h. vom Ich kontrollierte Projektion.

Ken Wilber schreibt zu diesem Thema: „Im Traum werden Ich und Bewusstsein wieder aufgelöst. Der Traumzustand ist weder verbal noch ichhaft und im Traum löst sich das normale Ich auf."

Man könnte sagen, dass man im Traum an einen Riesencomputer angeschlossen ist, um über diesen mit einer höheren Dimension in Verbindung zu treten, wobei für diesen Anschluss als Voraussetzung eine völlige Entichung erforderlich ist. Es handelt sich dabei nicht um eine vollkommene Ausschaltung des Willens, sondern um die Bereitschaft, den Willen einer übergeordneten Führung zu überlassen, der man bedingungslos vertraut – ohne Eingriffe durch das Ich. Das bedeutet, dass in Träumen keine Kontrolle erfolgt und man sich nicht mehr wehrt. Im Traum ist der Mensch wieder in der Urform der Energie, die keines äußeren dreidimensionalen Raumes mehr bedarf, was gleichsam für alle anderen Dimensionen gilt, in denen man auch nicht mehr von Raum und Zeit sprechen kann. Es sind Bewusstseinszustände in Dauer als Ewigkeit, was wiederum permanente Gegenwart ist.

Auch unser alltägliches Wachbewusstsein ist zu einem Erleben fähig, das von den physischen Sinnen völlig unabhängig ist; denn der

Mensch besitzt auch eine Wahrnehmungsmöglichkeit, die sich allein über innere Vorgänge vollzieht, also nicht über physische Organe übermittelt wird. Unser Bewusstsein öffnet sich dabei vielmehr Wirksamkeiten von Kräften, für die unsere äußeren Sinne gar keine Beweise erbringen, was ja besonders in unseren Träumen sehr eindringlich deutlich wird.

Jetzt ist die Zeit der Entdeckung dieser Zusammenhänge und damit zugleich die Zeit für einen ganz neuen Bewusstseinsansatz. Das wird es – allerdings erst nach einer langen Entwicklung – den Menschen ermöglichen, mit diesen Lichtpotentialen umzugehen. Was sich jedoch jetzt schon in den Zellen ständig ereignet, sind jene höheren Gesetzmäßigkeiten der Lichtenergie, die vorerst noch in das reduzierte euklidische Weltverständnis, also in die im Kosmos geltende Lichtgeschwindigkeit übersetzt werden müssen. Aber bald wird man diese Gesetzmäßigkeit auch über die gegebene Begrenzung des heutigen Bewusstseins hinaus verstehen können, und es wird damit zugleich auch ein Sprung in das neue Bewusstsein beginnen. Denn es erfolgen immer zuerst die Eingebungen für neue Entdeckungen, die dann wiederum eine Bewusstseinserweiterung auslösen. Es ist wie bei der Entdeckung der Erdgestalt von der Scheibe zur Kugel.

Mit Blick auf diesen zukünftigen Transmutationsprozess bleibt die Frage, inwieweit dieser auch bewusst mobilisiert werden könnte, oder ob es sich dabei um eine vorgesehene folgerichtige Entwicklung handeln wird. Auf jeden Fall geht es dabei um eine immer stärkere Öffnung der Chakren, die für höhere Frequenzen empfangsbereit gemacht werden müssen. Diese Öffnung ist zwar im Plan vorgesehen, sie geschieht aber immer nur zusammen mit einer geistigen Bewusstseinserweiterung. An dieser muss die Menschheit nicht nur empfangend mitgestalten, sondern sich auch um die Zulassung der höheren Frequenzen bemühen. Das ist genauso mühsam, wie die Arbeit der Adamiten, aus der Materie den Geist herauszudestillieren.

8. Meditation

*„Das Erscheinen des Ichbewusstseins als hierarchisch höchste Phase
kann als Krönung des Evolutionsprozesses aufgefasst werden. Sie ermög-
lichte dem Menschen im Laufe der Evolution die Entfaltung der Spiritua-
lität und dem Weltgeist die Manifestation gewisser Eigenschaften in
Form von Wechselwirkungen. Denn der wahre Partner für den Menschen
ist Gott selbst, der zu uns redet und angeredet werden kann, der zugleich
vollständig immanent und transzendent ist."*

(Martin Buber)

Eine Höherpotenzierung kann durch Meditation unterstützt werden; doch vorerst geht es nur um das Erreichen einer höheren Geistigkeit. Aber im nächsten Äon wird es darum gehen, auch den Körper
selbst zu entsubstanzialisieren. Zu diesem Behufe muss sich der
Mensch in den Strom der ätherischen Wirkkräfte hingeben und sein Ich
als bewussten Träger seines Körpers vergessen – so wie im Traum, wo er
sich ständig in diesem „entmaterialisierten Zustand" befindet. In Indien
gibt es heute schon viele Menschen, die das können. Leider besitzen sie
nicht jene hohe Geistigkeit, die eine wirkliche Höhertransponierbarkeit
garantiert. Das muss aber später beides zusammengehen. Nur im
Schlaf ist diese totale Hingabe bisher gegeben, was allerdings dann
wiederum nicht eine bewusste Hingabe bedeutet, die notwendig wäre,
um mit diesem Materialisierungsvorgang auch bestimmend umzugehen. Alle diese Vorgänge führen zur Transformation in den nächst
höheren Frequenzbereich und entsprechen dem Ätherkörper nach
dem irdischen Ableben. Dieser Körper hat dann alle Eigenschaften wie
der physische Körper zu Lebzeiten, nur nicht die Dichte und auch nicht
die Schmerzempfindungen wie auf Erden.

„Wer alle Formen auf Erden bereits zu Lebzeiten nur als „Symbole der Wirklichkeit" ansieht, ist auf dem rechten Wege, das unverschleierte Selbst zu erhaschen. Doch bedarf es dazu mentaler Fassungskraft und gelenkter Intuition; denn Phänomene erreichen uns maskiert im Gefüge von Zeit und Raum; sie stellen chiffrierte Botschaften dar, deren letzte Bedeutung wir nicht eher verstehen sollen, als bis wir herausgefunden haben, wie wir sie aus ihrer Zeit-Raum-Umhüllung herausschälen müssen."

(Evelyn Underhill)

Von dieser Wandlung ist auch der religiöse Bezug betroffen, weil nämlich der Mensch an dieser Aufschließung von Erkenntnissen mitbeteiligt sein wird, die jedoch auch nur über eine tiefe religiöse Glaubenseinstellung und Selbsterkenntnis möglich sein wird. Teilhard de Chardin[5] bezeichnet darum beide, Glaube und Erkenntnis, als „konsubstantiell", und sie könnten zusammen der Beginn einer neuen Religion sein. Denn erst dann werden die Menschen in der Lage sein, neue Energiequellen zu erreichen, wobei die Basis dafür im Menschen selbst bleibt, also nur über Meditation und tiefe Gottgläubigkeit erfolgen kann, um nicht in schwarze Magie abzusinken. Denn diese Gefahr besteht und wird die Versuchung der Zukunft sein.

Alle diese biophotonen Prozesse im Mikrokosmos entsprechen den Vorgängen im Makrokosmos, denn die Schöpfung ist ein durchgängiges System. Das ist notwendig – nur so lässt sich alles auf einen Nenner bringen. Auf diese Ähnlichkeiten sind zwar schon oft Wissenschaftler gekommen. Da man sich aber weder im Makrokosmos noch im Mikrokosmos über das System sicher ist, findet man auch nicht den Deckungsbeweis für diese so auffälligen Ähnlichkeiten. Natürlich liegt der Deckungsbeweis in den Photonen, nur ist das vorerst noch eine Hypothese, deren Beweis noch aussteht. Darum haben sich die Wissenschaftler leider noch nicht auf diese Hypothese einigen können. Als Galileo Galilei die Zentralsonne proklamierte, hatte sie über 100 Jahre davor schon Kopernikus entdeckt, und vor ihm wussten es schon die

---

[5] Literaturnachweis: Pierre Teilhard de Chardin / Die Entstehung des Menschen / C.H.Beck 1981

Babylonier. So lange braucht es, diese Erkenntnisse zum allgemeinen Wissensstand zu machen!

Dieser so genannte „Transmutationsprozess", den die Menschheit in Zukunft erleben wird, hat bereits begonnen. Schon jetzt verlieren Phänomene wie Telekinese, Levitationen oder Telepathie ihren Wundercharakter und lassen andere Bewusstseinsdimensionen erkennen; denn in der Tat handelt es sich dabei um Einstrahlungen aus der nächst höheren Dimension, die sich eben nicht aus unserer Physik erklären lassen, die aber hier ständig wirksam sind. Das gilt auch für die Telepathie als zukünftige Kommunikationsform.

Sri Aurobindo bezeichnet diese Wahrnehmungsfähigkeit als sechsten Sinn, „der das tatsächlich einzige wahre Sinnesorgan sei. Alle anderen Sinne seien nichts als äußere Behelfe, die aber unser Bewusstsein von sich abhängig gemacht haben, indem sie für unser Bewusstsein zu einem ausschließlichen Übertragungsorgan wurden und es so beschränkten."

9. Vom Intellekt zur Intuition

„Alle wahre Intuition ist rational durchwirkt, alle wahre Reflexion intuitiv erfüllt."

(Friedrich Hegel)

Dieser Sechste Sinn ist dagegen das wichtigste Instrument, unser Bewusstsein ins Supramentale hineinzuführen. Denn dieses neue Bewusstsein gehört genau wie unser jetziges Bewusstsein auch ins Sein und ist Manifestation des unendlichen Geistes, der ein innerstes

Wissen seiner selbst besitzt und in seiner transzendenten Schau universell und total ist. Unser Bewusstsein kann zwar dieses Unendliche widerspiegeln, kann aber nicht selbst unmittelbar das vollkommene Instrument des unendlichen Geistes sein. Denn alles, was es wahrnimmt, sind mentale Abbilder unseres Seins und nicht dessen innerstes Wesen, weil alle mentale Wahrnehmung eine abgeleitete, oberflächliche und begrenzte ist. Darum kann das Absolute nicht begriffen werden, sondern man kann davon nur eine gewisse Vorstellung erlangen. Man erfährt das Universum so nur als äußeres Schema oder Abbild und bekommt nur eine Ahnung von der wesenhaften innersten Wahrheit.

Im Gegensatz dazu ist das bisherige menschliche Bewusstsein immer nur ein auf das Außen gerichtetes Suchen und Tasten. Das geheime Selbst im Innern gibt dennoch allen diesen tastenden Aktionen unseres Bewusstseins erst Sicherheit und Gewissheit. Darum muss es das oberstes Ziel sein, sich mit diesem innersten Selbst zu verbinden und zu identifizieren, um dann aus ihm heraus zu handeln. Dafür haben die Menschen die Vernunft, deren Funktion darin besteht, das vorläufige Teilwissen in eine folgerichtige Ordnung zu bringen. Jedoch wird eine wahre endgültige integrale Ordnung erst dann begründet sein, wenn das spirituelle Supramental greift. Dabei ist PRANA die Energie oder ätherische Kraft des Vitalkörpers, und diese Energie reagiert durch einen Willensakt unter dem Druck der magnetischen Kraft der Liebe auf die beiden Kräfte der Materie und des Geistes. Der Mensch besitzt dafür die Intuition, das Tier den Instinkt. Instinkt und Intuition beginnen räumlich gesprochen in den außerhalb unseres Bewusstseins gelegenen Bereichen unseres Selbst, kommen aber gleichzeitig unerwarteterweise in das Licht des Tagesbewusstseins hervor, wobei die Instinktimpulse und Eingebungen der Intuition vollkommen im Geheimen entstehen. Wenn sie zum Vorschein kommen, sind sie notwendigerweise vollständig, und ihr Eintritt in unser Bewusstsein erfolgt plötzlich.

„Die Intuition liegt dabei auf der dem Instinkt entgegengesetzten Seite der Vernunft. Wir haben hier also die interessante Dreiheit – Instinkt, Intellekt, Intuition – wobei der Instinkt sozusagen unter die Bewusstseinsschwelle gesunken ist, der Intellekt den ersten Platz in der Erkenntnis des Durchschnittsmenschen einnimmt und die Intuition über diesen beiden liegt; sie macht ihre Gegenwart nur gelegentlich in plötzlichen Erleuchtungen und im Erfassen einer Wahrheit bemerkbar, und das ist die Begabung unserer größten Denker. Im Ganzen sind wir Geschöpfe, die „Dinge" sehen; denn wir erfassen nur, was wir sehen, und sehen gewöhnlich nicht darüber hinaus. Die Welt als bloße Welt von Dingen zu erleben, heißt zweifellos, etwas Bedeutungsvolles zu versäumen. Das Erfahrungswissen über Dinge ist sicherlich gut. Es ermöglicht uns, auf unserer Welt umherzuziehen und die Lebensfaktoren mit einigem Erfolg zu handhaben. Es ist aber sehr wohl möglich, von der Welt eine andersartige Empfindung zu bekommen, wenn man auch eine andere Denk-Gewohnheit entwickeln kann. Das ist, kurz gesagt, die Gewohnheit, hinter der sichtbaren Wirklichkeit das Unsichtbare zu sehen; die Gewohnheit, die Oberfläche zu durchdringen, um durch die Dinge hindurch deren Ursprung zu erkennen."

(Alice Bailey)

Es gibt im Leben einen durch den Verstand erfassbaren Sinn, womit gesagt werden kann, dass in der aufsteigenden Stufenleiter der Fortschrittstadien, die man als Manifestation göttlicher Absicht ansehen kann, jedes höhere Stadium gegenüber dem vorangegangenen übernatürlich ist. In diesem Sinne ist Leben gegenüber dem Anorganischen übernatürlich; überlegende, gedankliche Fassungskraft ist naiver gedankenloser Wahrnehmung gegenüber übernatürlich. Die religiöse Einstellung mit Anerkennung einer göttlichen Absicht ist der ethischen Gesinnung in sozialen Belangen gegenüber übernatürlich. Die religiöse Geisteshaltung ist für jene, die den nach ihrer Ansicht höchstmöglichen Grad erreichen, das erhabenste Beispiel des Übernatürlichen. Sie ist das Unterscheidungsmerkmal des spirituellen Menschen.

„Der Träger der Persönlichkeit muss in einen solchen Zustand versetzt werden, dass er zu einem empfindlichen Empfangs-„Apparat" werden kann, denn allein über das erlangte Seelenbewusstsein entwickelt sich die intuitive Aufnahmefähigkeit. Die Intuition ist die untrüglich sensitive Kraft, die in jedem Menschenwesen verborgen ruht; wie ihr wisst, beruht sie auf einem direkten Erkennen und wird von keinem normal funktionierenden Instrument behindert. Der wahrhaft telepathisch fähige Mensch ist derjenige, der auf Eindrücke reagieren kann, die ihm von allen Lebensformen zukommen. Er reagiert auf Eindrücke, die aus der Welt der Seelen und der Intuition zu ihm gelangen. Durch ein Zurückziehen der äußeren Sinne und durch völlige Konzentration auf Telepathie kann die ganze Wissenschaft der Telepathie (als Keim einer künftigen menschlichen Wirkkraft) entwickelt und verstanden werden. Die Gedankenform, welche die Menschheit an die Idee des telepathischen Wirkens gewöhnen wird, ist in raschem Aufbau; und die Saat dieser Entwicklung wird schon sehr lebendig und mächtig, und keimt wirklich schnell."

(Alice Bailey)

10. Die Intuition

„Die letzte und höchste Intuition besteht darin, sich selbst in seinem Innern als etwas zu schauen und zu wissen, dass wir in einem viel wesentlicherem Sinne sind."

(Sri Aurobindo)

Über die Intuition können wir nun in der Tat einen ersten Schritt in die richtige Richtung tun, denn ein wachsendes intuitives Mental besitzt die besten Aussichten, das zu entdecken, was die inneren verborgenen Kräfte beabsichtigen. Anfänglich wird jedoch das Bewusstsein die intuitiven Eingaben noch durch gedankliche Überlagerungen „verunreinigen", aber es ist nun einmal die einzige Möglichkeit, über die Intuition als Mittel des Übergangs das verborgene Supramental selbst in den Vordergrund zu bringen. Denn das Supramental ist für den Menschen heute noch keine ursprünglich erkennbare Kraft, sondern verborgen, und es muss erst entdeckt werden, um effektiv werden zu können. Dennoch ist jede Intuition eine Eingebung, die zuerst vom Ätherkörper empfangen wird und über eine Art von Modul im Gehirn dann zur inneren Vorstellung ummoduliert wird. Alle Intuitionen sind Eingebungen aus höheren Dimensionen, die von den Menschen lediglich empfangen werden. Erst dann beginnt die Aufgabe, dieselben nicht nur einzuordnen, sondern auch in der Umsetzung von Taten zu einer für alle sichtbaren Erscheinung zu machen. Und das erfolgt dann über die schöpferische Fantasie, die direkt mit dem Ätherkörper fusioniert, um sich als bildhafte Erscheinlichkeit im Gehirn wie auf einer Matrize für den Menschen sichtbar und erlebbar auszugestalten.

Die scheinbare Flüchtigkeit von Intuitionen hängt dabei nicht mit der uns so ätherisch erscheinenden Flüchtigkeit des Ätherkörpers zusammen, denn ganz im Gegenteil ist der Ätherkörper eine viel größere Konstante als der physische Körper, der z.B. viel größeren Veränderungen unterworfen ist. Der Ätherkörper ist eigentlich die einzig wahre Realität, die ja auch nach dem Tod weiter besteht. Diese Flüchtigkeit hängt eher damit zusammen, dass nur wenige Menschen bisher überhaupt in der Lage sind, Intuitionen zu empfangen. Und sie sind schon gar nicht in der Lage, sie auf ihrer „geistigen Festplatte" der Fantasie festzuhalten. Aber auch das wird in Zukunft sehr viel besser funktionieren. Die meisten Menschen haben solche Eingebungen bisher überhört und sie darum auch nicht zur Realität werden lassen können. Jetzt beginnen aber mehr und mehr die telepathischen Kommunikationsmöglichkeiten.

Leider wirkt die Intuition gegenwärtig meist noch sehr verdeckt wie etwas Partielles, Zufälliges, Fragmentarisches oder Momentanes, weil unser bisheriges gewohntes Denken ein Hindernis für einen ungestörten Fluss solcher Eingaben ist und die Intuitionen immer wieder unterbricht bzw. skeptisch betrachtet. So bleibt die Intuition fast nur Anregung, Inspiration, zuweilen vielleicht Offenbarung, deren sich aber dann unsere Vernunft bemächtigt und dabei meist die Wahrheit verändert und die potentielle Kraft der Erleuchtung durch Ergänzungen einschränkt, um sie den Bedürfnissen des Vermittlers zu unterwerfen.

Das bedeutet, dass bei der Umsetzung des Eingegebenen eine Vermischung von Intuition und Gedanklichem nicht erfolgen darf; denn es sind doch die sich ergänzenden zwei Seiten des Bewusstseins: Denn Input und Output gehören zusammen. Man erfährt überhaupt nur über die Eingabe etwas, nämlich jenes permanente Aha-Erlebnis. Das Mental hat dann lediglich die Eingaben zu ordnen und im Denken für den Menschen relevant zu machen, damit man darüber wiederum die Welt neu begreift und mit ihr vernünftig umgehen kann. Leider haben die meisten Menschen kaum Inputs. Diese bezeichnet man dann als „unterbelichtet" oder dumm. Andere wiederum haben zu viele Inputs und sind total überfordert, sinnvoll damit umzugehen. Das sind dann die verkrachten Genies. Darum ist es notwendig, dass derart hohe Intuitionen den Mitmenschen quasi geistig im „Voraus" – über besonders begabte Menschen, und dann über morphogenetische Felder – stückweise in verdaulichen Portionen eingegeben werden.

Man muss noch unterscheiden zwischen reiner Gedankenübertragung und echter Telepathie. Gedanken für sich sind immer ein Ausdruck abstrakter Vorentwürfe, die erst noch verifiziert werden müssen, um erst dann Wirklichkeit zu werden. Darum sind Gedanken allein nur so genannte Formblätter, die gelesen und umgesetzt werden müssen. Dabei besteht auch die Gefahr, sich mit Gedanken allein zu begnügen, was leider fast alle Menschen machen. Gedanken müssen aber erst durch „Begreifen" zum wirklichen Leben erweckt werden. Das ist bei der Telepathie ganz anders: Diese Übertragungen oder Empfänge sind selbst lebende und müssen nicht erst durch Verifizierung zum Leben erweckt werden; denn das Leben selbst spielt sich in allen telepathischen Übertragungen ab. Man stelle sich in der Fantasie eine Blume vor, dann ist sie sogleich lebendig und real vorhanden und man könnte sie sogar „lebendig" jemanden schenken. Sogar ein Haus muss man nicht mehr über einen Plan oder Entwurf ausführen, sondern es entsteht im Moment der Vorstellung, so wie man heute schon im Computer ganze virtuelle Welten entstehen lässt. Genauso verhält es sich in höheren Dimensionen und so wird es auch später auf Erden sein; denn man muss sich in diesen Bewusstseinsbereichen die imaginäre Welt nicht mehr wie auf Erden durch Arbeit mühsam erarbeiten oder errichten, und auch das Leben ist nicht mehr Mühe und Fleiß.

Darum müssen alle Aktivitäten der Intuition bewusst und vertrauensvoll angenommen werden, damit sie genauso selbstverständlich wie die normalen Denkprozesse werden. Das kann jedoch nur erreicht werden, wenn die Übermacht des Denkens mehr und mehr eingeschränkt und zum Schweigen gebracht wird. Meditation ist eine solche Möglichkeit, Denken, Wollen und Fühlen umzuwandeln.

„Ihr müsst unbedingt so weit kommen, dass es euch leicht fällt, euch mit den tiefsten Gefühlen der Liebe und des Verstehens aufeinander einzustellen. Ihr müsst die Unpersönlichkeit so weit entwickeln, dass dies bei euch nicht die geringste Reaktion hervorruft. Ihr müsst eine Liebe in euch wachsen lassen, die immer danach trachten wird, zu bestärken und zu helfen. Schaltet bedachtsam jede Kritik aus; denn alles geht über PRANA. Das ist die Energie oder ätherische Kraft des Vitalkörpers und reagiert durch einen Willensakt unter dem Druck der magnetischen Kraft der Liebe."

(Alice Bailey)

Ein solcher erster Ansatz einer Umwandlung wird ganz bewusst als Übergangszeit erlebt und begriffen, bis das Supramentale endlich greift und die Führung übernimmt. Nach den Upanishaden ist die Meditation das Ausrichten der Intelligenz auf das Göttliche. „Durch Meditation wird höheres Wissen erlangt, und zusammen mit Kraft,

Ausdauer, Stärke und Tapferkeit erfährt der Mensch eine Umwandlung." Diese Phase der Umwandlung nannten die christlichen Heiligen die „Dunkle Nacht", weil man sich in dieser Zeit zwischen Finsternis und Dämmerlicht, zwischen Ungewissheit und halber Gewissheit befindet, die sich allmählich erst aufhellt, um die Wahrheit zu öffnen, um sich in der Erleuchtung zu vollenden. Es ist der Beginn einer Transparenz des Bewusstseins auf das Wirken des Supramentalen hin, das im Gegensatz zum Intellekt nicht mehr Denkwissen ist, sondern ein spirituelles Gewahren und ein Einswerden mit der Wahrheit selbst herbeiführt.

„Die Übertragung des Bewusstseins von einem niederen Bewusstseinsträger in einen höheren ist ein Teil des schöpferischen und evolutionären Prozesses."

(Evelyn Underhill)

Das gegenwärtige weitverbreitete Interesse an der Meditation beweist das Vorhandensein eines Weltbedürfnisses, das klares Verstehen verlangt. Dass Meditation von denen, die nur ungenau definieren, als eine Art Gebet angesehen wird, ist leider wahr. Es kann jedoch bewiesen werden, dass man bei richtigem Verstehen des Meditationsprozesses die Methode finden wird, wodurch das Wirken der Seele erfahren werden kann. Durch Meditation wächst die spirituelle Erkenntnis im Denken, und ausgehend vom gewöhnlichen Wissen erweitern wir ständig unser begriffsmäßiges Verstehen, bis Wissen in Wahrheit übergeht. Das ist dann direkte Erkenntnis Gottes durch mentale Fähigkeit, so dass wir das werden, was wir sind und unser göttliches Wesen manifestieren können. Tagore definiert an einer Stelle Meditation als „das Eindringen in eine grosse Wahrheit, bis wir in ihrem Besitz sind"; Wahrheit und Gott sind sinnverwandte Begriffe.

11. Der Denkprozess – zwei Richtungen

„Durch Auf- und Abbau der raumzeitlichen Strukturen verläuft ein und derselbe Prozess in zwei entgegengesetzten Richtungen. Auf den ganzen Kosmos angewandt bedeutet das ein Oszillieren unterschiedlicher Seinsebenen, da der Weltgeist in seinem Streben nach maximaler Selbstverwirklichung in einer einzigen Weltdimension nicht alle Möglichkeiten erschöpfen konnte."

(Teillard de Chardin)

Das Denken, sagt man, erkenne zweierlei: die äussere Welt mittels der fünf Sinne und des Gehirns, und die Seele und ihre Welt durch das, was wir ein nach innen gerichtetes Denken und dessen intensive Konzentration auf ein neues und ungewöhnliches Kontaktgebiet nennen können. Dem wahrhaft Meditierenden werden dann alle Dinge offenbar. Er wird die verborgenen Dinge der Natur, die Geheimnisse des Lebens, des Geistes verstehen. Er wird auch wissen, wieso er weiß. Auf diese Weise bringt Meditation die Vereinigung oder Einswerdung zustande.

Im Training des Denkvermögens liegt das Schwierige dieser Situation. Das menschliche Denkvermögen ist offensichtlich ein Instrument, das man in zweierlei Richtungen benützen kann. Eine dieser Richtungen führt nach außen. Das Denkvermögen registriert in dieser Funktionsweise unsere Kontakte mit der physischen und mentalen Welt, in der wir leben, und erkennt Gefühls- und Sinneszustände. Es ist der Registrierapparat für unsere Empfindungen, unsere Reaktionen und all das, was uns über die fünf Sinne und das Gehirn zugeleitet wird, und bringt dies zueinander in Beziehung. Denken ist jene psychologische Funktion, die gemäss ihrer eigenen Gesetze dargelegte Gedanken in begrifflichen Zusammenhang bringt. Es ist eine Tätigkeit bewusster Vorstellung – sowohl aktiver als auch passiver Art. Es ist der Denkapparat, der in die Meditation einbezogen und darin geschult werden muss, dieser ersten Funktion des Denkvermögens die Fähigkeit hinzuzufügen, sich auch in eine andere Richtung zu wenden und mit gleicher Leichtigkeit die innere oder mental unerfassbare Welt zu registrieren. Erst diese Fähigkeit zur Umstellung wird es dem Denkvermögen ermöglichen, die Welt der subjektiven Wirklichkeiten, der intuitiven Wahrnehmung und der abstrakten Ideen zu erspüren. Das ist das hohe Erbe des Mystikers, scheint aber bis jetzt dem Durchschnittsmenschen noch nicht begreiflich zu sein.

Das Ziel des Meditationsprozesses ist es, Menschen zum Licht zu führen, das in ihnen selbst leuchtet, und sie zu befähigen, in diesem Licht das große Licht zu sehen. Die Entwicklung und Vervollkommnung der Denkfähigkeit im Menschen mit ihrem Scharfsinn und Konzentrationsvermögen ist daher die vordringlichste Aufgabe. Denn Meditation verursacht die Umwandlung unseres Glaubens in festgestellte Tatsachen und unserer Theorie in bewiesene Erfahrung. Die Behauptung des Hl. Paulus bleibt nur so lange Begriff und Möglichkeit, bis durch Meditation das Christusleben erweckt ist und zum beherrschenden Faktor im täglichen Leben aller Menschen wird. Wir nehmen in uns sowohl Bestrebungen wahr, die uns zu Erkenntnissen hintreiben, als auch innere Eingebungen, welche die Menschheit auf der Evolutionsleiter hinauf bis zur gegenwärtigen Stufe einer kultivierten und gebildeten Menschheit getrieben haben. Dieser göttliche Drang hat uns von der Stufe des Höhlenbewohners bis zu unserer modernen Zivilisation geführt.

Darum kann Meditation mit vollem Recht als ein Teil des natürlichen Entwicklungsprozesses angesehen werden, der den Menschen auf dem Pfad der Evolution von einem kaum über dem Tierzustand liegenden Niveau bis zu seiner gegenwärtigen Position mentaler

Errungenschaft, wissenschaftlicher Leistung und göttlicher Rastlosigkeit geführt hat. Sein Bewusstseinszentrum hat sich dabei ständig verlagert und seine Aufmerksamkeit hat sich ständig auf immer größere Kontaktbereiche konzentriert. Der Mensch ist längst aus einem rein animalisch und körperlich bestimmten Seinszustand in den intensiver Gefühls- und Sinneswahrnehmung übergegangen; in diesem Stadium befindet sich derzeit die Mehrzahl der Menschheit. Millionen anderer aber schreiten darüber hinaus und entfalten sich in einem höheren Wahrnehmungsbereich, den wir die Welt der Gedanken nennen. Eine zahlenmäßig noch viel kleinere Gruppe wiederum geht in eine Sphäre über, wo ein universaler Kontakt möglich wird. Es sind die Wissenden der Menschheit. Durch die gesamte menschliche Bewusstseinsentwicklung zieht sich der goldene Faden göttlicher Absicht, und die Art und Weise, nach der die Transferierung des menschlichen Bewusstseins, in dem Seelen-Erkenntnis und Seelen-Wahrnehmung zustande kommt, ist eben die Meditation.

Dieser Vorgang der Entschleierung des Selbstes durch Verneinung der Formseite des Lebens und die daraus folgende Unfähigkeit der verschiedenen Hüllen (Ätherkörper, Astralkörper, Mentalkörper), dieses Selbst weiter zu verbergen, kann sowohl als Transmutation (Umwandlung) wie auch als Transferierung (Übertragung) des Bewusstseins bezeichnet werden. Transmutation ist die Änderung und Umwandlung der Energien des Denkvermögens, der Gefühle und der physischen Natur, so dass sie der Offenbarung des wirklichen Selbstes und nicht bloß zur Offenbarung der psychischen und körperlichen Natur dienen.

Die Menschen besitzen fünf Sinne, die sie mit allen Tieren gemeinsam haben. Wenn diese Sinne zu selbstsüchtigen und persönlichen Zwecken gebraucht werden, steigern sie das körperliche Leben, stärken die Form- oder materielle Natur und tragen so immer mehr zur Verhüllung des Selbstes, des geistigen Menschen, bei. Sie müssen daher in ihre höheren Entsprechungen umgewandelt werden, denn jede animalische Eigentümlichkeit hat ihr geistiges Urbild. Der Trieb der Selbsterhaltung muss schließlich der Erkenntnis der Unsterblichkeit weichen und der Trieb, der das niedere Selbst veranlasst, sich vorzudrängen und seinen Weg aufwärts zu behindern, wird sich später einmal in eine Kraft des höheren oder geistigen Selbst verwandeln. Das Selbstbewusstsein des kleinen oder niederen Selbstes wird dem des höheren Selbstes Platz machen. Sexualität als animalischer, alle Formen machtvoll beherrschender Trieb, wird einer höheren Anziehungskraft weichen und wird in ihrer edelsten Form die bewusste Anziehung und Vereinigung der Seele mit ihrem Instrument zustandebringen, während der Herdentrieb in Gruppenbewusstsein verwandelt werden wird; und letztlich wird der Drang zu fragen und zu forschen, das Kennzeichen des Denkens auf hoher oder niederer Ebene der intuitiven Wahrnehmung und Einsicht Platz machen; auf diese Weise wird das große Werk seiner Vollendung zugeführt werden, und der spirituelle Mensch wird seine Schöpfung, das menschliche Wesen, beherrschen und dessen Eigenschaften und Merkmale in den Himmel erheben.

Man könnte den Meditationsprozess in fünf Abschnitte gliedern. Wenn diese beherrscht werden, beginnt der stetige Aufstieg des bewusst spirituellen Menschen aus dem Reich der Empfindungen in das der Erkenntnis und sodann in das der intuitiven Erleuchtung. Diese Stadien können kurz wie folgt aufgezählt werden: Das Ziel aller Bemühungen besteht in der Schulung des Denkvermögens, damit es unser Diener wird und nicht uns beherrscht, und ferner darin, die Fähigkeit der Konzentration als Vorbereitung auf die wahre Meditation auszubilden; überdies besteht die Notwendigkeit einer fortwährenden konzentrierten Einstellung dem Leben gegenüber. Das Geheimnis des Erfolges kann mit den einfachen Worten: „Seid wachsam" beschrieben werden.

I. Konzentration Der Akt der Konzentration des Denkvermögens, wodurch man lernt, dieses auf einen Zielpunkt einzustellen und so zu gebrauchen.

2. Meditation Die verlängerte Konzentration der Aufmerksamkeit in einer bestimmten Richtung und das beständige Festhalten des Denkens an einer gewünschten Idee.

3. Kontemplation Eine Tätigkeit der Seele, losgelöst vom Denken, das in einem Zustand der Ruhe gehalten wird.

4. Erleuchtung Das Resultat der drei vorangegangenen Prozesse, verbunden mit dem Herabbringen der erlangten Erkenntnis in das Tagesbewusstsein.

5. Inspiration Die Auswirkung der Erleuchtung, wie sie sich im Leben des Dienstes bemerkbar macht.

12. Das Stadium der Kontemplation

„Die Seele empfängt aus der Seele das Wissen und nicht aus Büchern, noch vom Reden. Erwächst das Wissen der Geheimnisse aus der Leerheit des Geistes, so ist das Herz erleuchtet."

(Rumi)

Dieser Erkenntnisbereich wird durch zwei Dinge sehr beeinträchtigt: durch die Verwendung von Worten, die der Ausdrucksverleihung Grenzen setzen und sie verzerren, und durch die Schriften der Mystiker selbst, die vom Symbolismus ihres Zeitalters sowie von der Qualität ihrer Gefühle und Emotionen individuell beeinflusst sind. Die Mystiker schwanken in der Regel zwischen Momenten höchster Erleuchtung oder Vision und den „nebligen Niederungen" intensiven Fühlens und Verlangens hin und her. Auf Grund der uralten Praxis der Meditation aus dem Osten scheint es möglich zu sein, dass man durch die Kenntnis der Methode und durch ein Verstehen des Vorgangs sogar über die mystische Erfahrung hinausgelangen und Wissen über göttliche Dinge sowie Einswerden mit der innewohnenden Gottheit erlangen kann.

Zwischen dem Zustand verlängerter Konzentration, der Meditation, und dem der Kontemplation, der einer gänzlich verschiedenen Kategorie angehört, gibt es ein Übergangsstadium, das man im Osten „Meditation ohne Gegenstand" nennt. Es ist noch nicht Kontemplation; es ist aber auch kein Gedankenprozess mehr. Es ist vielmehr eine Periode gedanklicher Beständigkeit und des Wartens. In diesem Stadium geht es also darum, die Unbeständigkeit der sich schnell bewegenden und feinfühlig reagierenden mentalen Substanz durch verlängerte Meditation in einen stabilen Zustand zu bringen. Dieser Denkzustand macht den Meditierenden für Schwingungen und Kontakte aus der äußeren Erscheinungswelt und aus der Welt der Emotionen unempfänglich. Die Welt, in welcher der Mensch für gewöhnlich funktioniert, ist ausgeschaltet und doch bewahrt er gleichzeitig eine intensive mentale Aufmerksamkeit und behält eine scharfe Einstellung auf jene neue Welt bei, in der das, was wir Seele nennen, lebt und wirkt. Der wahre Meditierende lernt es, mental hellwach zu sein und Phänomene, Vibrationen und Seinszustände kraftvoll wahrzunehmen.

Das positive, wachsame und gut kontrollierte Denkvermögen wird daher auf den Flügeln der Gedanken vorwärtsgetragen und dann stetig auf dem höchsten erreichbaren Punkt gehalten. Dadurch wird das Denkvermögen in einem Zustand der Erwartung gehalten, während das Bewusstsein des Meditierenden sich einem neuen Erkenntniszustand zuwendet. Diese beiden Meditationsstadien sind eine intensive Tätigkeit und ein intensives Warten. Dieses erzwungene Warten, diese selbst auferlegte Empfänglichkeit oder „aktive Passivität" ist das entscheidende Merkmal des Kontemplationsstadiums. Der Meditierende ist nicht mehr der unkontrollierte Träumer; ab jetzt wird sein positives, wachsames und gut kontrolliertes Denkvermögen auf den Flügeln der Gedanken vorwärtsgetragen und dann stetig auf dem höchsten erreichbaren Punkt gehalten.

In der Kontemplation kommt ein höherer Wirkungsfaktor hinzu. Es ist DIE SEELE, DIE KONTEMPLIERT. Das menschliche Bewusstsein stellt seine Tätigkeit ein und der Mensch wird, was er in Wirklichkeit ist: eine Seele, ein Fragment der Göttlichkeit, die sich ihres wesentlichen Einsseins mit der Gottheit bewusst ist. Das Höhere Selbst wird aktiv, und das niedere oder persönliche Selbst ist vollkommen ruhig und still. Die Welt der Seele wird als Wirklichkeit erfahren und gesehen; die übersinnlichen Dinge werden als Realitäten erkannt, und das Einssein mit der Gottheit wird ebenso klar als Tatsache im natürlichen Entwicklungs-Verlauf begriffen, wie es die Vereinigung des Lebens im physischen Körper mit dem Ätherkörper ist. Das Bewusstsein des Menschen ist daher nicht mehr in diesem wartenden Denkvermögen konzentriert, sondern ist in das Reich des Geistes hinübergeglitten und der Mensch wird buchstäblich zur Seele, die auf ihrer eigenen Ebene funktioniert. In der Meditation bemühen wir uns, Eindrücke vom innewohnenden Gott, dem Höheren Selbst, zu empfangen und dem Denkvermögen zuzuleiten. In der Kontemplation treten wir in einen höheren Zustand ein und so wird dem Bewusstsein übermittelt, was die SEELE SELBST WAHRNIMMT, wenn sie nach außen blickt und die neuen Wahrnehmungsbereiche betrachtet.

Beim Durchschnittsmenschen beschäftigt sich die Seele (als wahrnehmender Beobachter) noch mit den drei Welten menschlicher Bestrebungen und blickt daher auf den physischen, emotionellen und mentalen Seinszustand. Sie identifiziert sich mit jenen Formen, durch die ein Kontakt hergestellt werden muss, wenn die niederen Bewusstseinszustände erfahren werden sollen. Erst wenn der Mensch die Herrschaft über das Denkvermögen erlangt hat und in der Lage ist, dieses der Seele als Übermittlungs-Instrument anzubieten, kann sich auch ein ungeheures Gebiet geistiger Wahrnehmung entfalten. Die Seele kann dann ihrerseits zum Vermittlungs-Organ werden; denn „Materie" ist das äußere Medium für das Offenbarwerden von Seele auf dieser Daseinsebene, und die Seele das Manifestations-Instrument des Geistes auf einer höheren Ebene. Auf diese Weise entsteht eine Dreiheit, die durch die Lebensenergie, die sie alle durchdringt, zur Einheit verbunden ist.

Kontemplation wurde als ein psychischer Torweg beschrieben, der von einem Bewusstseinsstadium zum anderen führt: Übergang von intensiver Meditation zu jener Kontemplation, die zur Vision der Wunder Gottes kommt, wenn die menschliche Seele in das Reich göttlichen Lichtes eintritt. Dieser Akt (Kontemplation) ist auch vollkommener als logisches Denken, weil beim logischen Denken die Seele spricht, während sie sich bei diesem Akt erfreut. Logisches Denken überzeugt die Seele durch seine Prinzipien, hier aber wird die Seele eher erleuchtet als überzeugt, sie sieht und erlebt eher, als dass sie untersucht. Logisches Denken befasst sich mit der Betrachtung eines Wortes, eines Lehrsatzes, eines Gespräches; dieses einfache Anschauen Gottes aber, das alles Vernunftdenken als überholt und bekannt annimmt, betrachtet seinen Gegenstand in Gott selbst. Kontemplation wurde darum auch als „die Pause zwischen zwei Aktivitäten" erklärt. Während dieser Pause wird eine neue Erkenntnis und Seinsweise eingeführt. Dies ist vielleicht einer der einfachsten und praktischsten Wege, um Kontemplation zu verstehen. SIE IST DIE PAUSE, IN DER DIE SEELE TÄTIG IST. Dieser Tätigkeit der Seele geht das voraus, was wir ein aufwärts gerichtetes Vorgehen nennen könnten. Das physische Gehirn ist in Ruhe versetzt und beständig darin gehalten worden; der Gefühls- oder Empfindungsapparat wurde gleicherweise beruhigt und die Registrierung von Informationen aus seinem gewöhnlichen Wahrnehmungsgebiet wurde ihm nicht länger gestattet.

„Das volle geistige Bewusstsein des wahren Mystikers ist nicht nach einer, sondern nach zwei scheinbar entgegengesetzten, doch in Wirklichkeit sich ergänzenden Richtungen entwickelt."

(Alice Bailey)

Einerseits ist der Mystiker sich dieser aktiven Welt des Werdens, dieses tiefen und ursprünglichen Lebens des Alls, aus dem sein eigenes Leben entsprungen ist, intensiv bewusst und weiß sich eins mit ihm. Andererseits erreicht das volle mystische Bewusstsein die Gabe, das Absolute, das Reine Sein, das Transzendente schlechthin zu erfassen. Diese allseitige Ausdehnung des Bewusstseins mit seinem doppelten Vermögen, durch unmittelbare Vereinigung sowohl den zeitlichen wie den ewigen, den immanenten wie den transzendenten Aspekt der Wirklichkeit zu erkennen, ist das besondere Kennzeichen des grossen Mystikers.

„Wenn die vollkommene Konzentration, diese leidenschaftliche Einstellung des Selbstes auf einen einzigen Punkt, in der Einheit des Geistes und in den Banden der Liebe auf reale und übersinnliche Dinge angewandt wird, dann stellt sie in der technischen Sprache der Mystik den Zustand der Meditation oder Sammlung dar und es ist die notwendige Vorstufe zur reinen Kontemplation."

(Evelyn Underhill)

Der höchste menschliche Intellekt kann sich zwar bis zu Abstraktionen und intellektuellen Konstruktionen versteigen, bleibt aber immer im Phänomenalen irdischer Gesetze stecken. Das Supramentale hingegen ist durch kein irdisches System gebunden. Es sieht darum Form und Wirken nicht mehr als Schlussfolgerung, sondern unmittelbar im Wesen eines Wahrgenommenen. Das ist Offenbarwerden als Erkenntnisform und etwas ganz anderes als die Prozesse der mentalen Intelligenz. Es ist nämlich die Vereinigung der wesenhaften Ideen des Supramentalen mit dem determinierenden Denken des Bewusstseins. Der so Erkennende wird zum wahrnehmenden Zeugen, der das Erkannte als etwas erlebt, das er immer schon in sich trug, und ihm wird im Augenblick offenbar, dass die gesamte Schöpfung eine determinierte Darstellung der ewigen Wahrheit ist. Erst von diesem Moment an beginnt eine Art Wechselspiel zwischen intuitiver Mentalität und unserem Denken. Denn das so bereits wirkende Supramentale erhebt quasi die Wirksamkeit unseres Bewusstseins in eine höhere Ebene, die dann direkt ins Supramentale überleitet. Unsere Sprache reicht nur dafür nicht mehr aus, weil wir in unserem Denken dafür keine Entsprechungen finden. Es erfolgt quasi eine Identität eines Erkennenden mit dem Erkannten, denn alle Aktionen des Supramentalen sind immer spirituelle, weil es die Macht des Geistes selbst ist. Durch diesen Torweg der Vision geht der Mensch und erkennt sich als die Seele. Von dem überlegenen Standpunkt der Seele aus erkennt er sich als den Beobachter, der sowohl die Welt geistiger Wirklichkeiten als auch die Welt täglicher Erfahrung wahrnehmen kann; wenn er es wünscht, kann er in beide Richtungen blicken.

13. Das telepathische Wirken

„Erkenntnis erhebt die Seele in den Rang Gottes. Liebe vereint die Seele mit Gott. Anwendung führt zur Vervollkommnung der Seele in Gott. Diese drei Dinge tragen die Seele geradewegs aus der Zeit in die Ewigkeit."

(Evelyn Underhill)

Das Problem besteht nun darin, die gleiche Leichtigkeit der Wahrnehmung wie auf den weltlichen Ebenen auch auf den geistigen Ebenen zu erlangen; und einer der wichtigsten Punkte, den man dabei beachten muss ist, dass in beiden Fällen die Dreiheit von Geist, Seele und Bewusstsein ihre Rolle spielen muss, aber mit einer anderen Einstellung und Aufmerksamkeit. Das Problem wird also einfach zu einer Frage konzentrierter Einstellung, die sich in drei Stadien zusammenfassen lässt:

„Die schrittweise Bezwingung der Tendenz des Denkvermögens, von einem Objekt zum andern zu schweifen (das ist Konzentration), und die Kraft der Konzentration auf ein einziges Ziel (das ist Meditation) bewirken zusammen die Entfaltung der Kontemplation". Wenn diese drei Stadien gleichzeitig verwirklicht worden sind, dann ist „diese dreifache Kraft der Aufmerksamkeit, Meditation und Kontemplation weit innerlicher als alle vorher beschriebenen Mittel geistigen Wachstums".

Das „universelle Denken" und die Wechselwirkungen im Universum unterliegen zwei Gesetzen:

Das erste Gesetz ist die Kraft, miteinander in Verbindung zu treten. Der Keim dafür liegt in der Substanz selbst, im Äther, und die Bedeutsamkeit der Telepathie (Verbindung) kommt in dem Wort „Allgegenwart" zum Ausdruck.

Das zweite Gesetz ist die gedankliche Beeinflussung aller Menschen, die zu einer Einheitlichkeit des Denkens führt. Dies zu verstehen bedeutet, den Austausch von durch Gedanken gelenkter Energie zu begreifen. Die gedankenlenkende Energie kommt sodann über einen Denker, der in das göttliche Denken eintreten kann, da es ihm möglich ist, die menschlichen Begrenzungen zu überschreiten. Empfänger gelenkter Gedanken ist jeder Mensch, der sein Denken und seine Seele auf Übereinstimmung gebracht hat, so dass seine Gedankenform in und durch seinen Energiekörper wirkt. Diese Gedankenformen manifestieren den universellen schöpferischen Plan für die Menschheit.

Die vollständige Darstellung dieser telepathischen Wechselwirkungen im wahrsten Sinne gliedert sich wie folgt:

1. Das universelle Denken
2. Das telepathisch weitergeleitete individuelle Denken, das durch das Seelen-Bewusstsein erleuchtete Denken.
3. Das Reagieren auf das individuelle, empfangende Bewusstsein, das in ähnlicher Weise abgestimmt und telepathisch verbunden ist. Man nimmt dabei an, dass das Denken schon etwas auf die Seele abgestimmt ist und es so zur Übereinstimmung kommt und als Einheit zu wirken beginnt. Das aber setzt Verantwortlichkeit voraus, um überhaupt mit jenem erleuchteten Denken in Berührung zu kommen, das nur durch gleiche Gedankenströme aktiviert werden kann.

Wenn also diese Bewusstseinsebene erreicht ist, erfolgt automatisch auch eine Transformation aller darunter existierenden Wesensschichten. Das bisherige Bewusstsein ist dann nicht mehr nur ein passiver Kanal für das Wirken des Supramentalen, sondern wird selbst supramentalisiert. Im Einklang damit erfolgt dann auch eine völlige Umwandlung aller physischen Sinne, was zu einer völlig andersartigen Anschauung des Lebens und seiner Bedeutung führt. Zugleich erfährt man die Möglichkeit zu einer Art Schauen der vierten Dimension und erreicht damit eine Ausdehnung über die Sinne zu ungeahnten Fähigkeiten. Denn die physischen Organe werden jetzt fähig, den psychischen Sinnen als Kanäle zu dienen. Mit wachen Augen können wir dann Dinge schauen, die bisher nur in psychischen Ausnahmezuständen zu erleben waren.

Schon jetzt erfahren die Menschen diese Einwirkungen bruchstückhaft in bestimmten Anrührungen, die ein Hinweis auf die zukünftige Bewusstseinsentwicklung der Menschheit sind. Denn das Erwachen des kosmischen Bewusstseins wird im Menschen eine direkte Verwendung als sechsten Sinn freisetzen und zu etwas völlig Normalen werden. Das hat dann wiederum zur Folge, dass die Menschen auch alle Bewusstseinsaktivitäten anderer gewahren und sich mit ihnen identifizieren können, und zwar ganz gleich ob physisch nahe oder fern. Denn eine grundlegende Auswirkung des neuen Bewusstseins ist das Universalwerden des individuellen Bewusstseins. Von da an werden alle im Außen wahrgenommenen Phänomene ihre Unvollständigkeit und Abgetrenntheit vom inneren Zusammenhang verlieren. Von da an wird erkannt werden, dass alles unter einem universellen Gesetz steht und das Ganze eine ungestörte harmonische Manifestation des Geistes ist.

Auch zwischen spirituellen Kräften und dem physischen Träger bestehen ständige Wechselwirkungen, wobei zwischen beiden auch Ursache und Wirkung wechseln können; denn einerseits ändern sich die physischen Voraussetzungen, andererseits treten spirituelle Intentionen aus ihrer bisherigen Latenz. So hatten z.B. vor Jahrzehntausenden die halb ätherischen Populationen als physische Grundsubstanz Silizium gehabt, das sich bei der voll inkarnierten Menschheit allmählich in Kohlenstoff umwandelte, um ab jetzt wieder den Grundstoff der Menschen zu bilden. Silizium ist ein Energieleiter, der die Gedanken mit höheren Dimensionen in völlige Übereinstimmung bringen kann. Darüber kann man sich dann in alle Dimensionen wieder einklinken. Denn das ist alles noch im menschlichen Zellgedächtnis aus der vorherigen Dimension gespeichert, was nun wieder aktiviert wird; denn ab jetzt kehrt sich dieser Prozess wieder um, um zur Reinheit der Energie des Siliziums zurückzukehren. Höherpotenzierung aller Frequenzen ist nur über die Belebung der Chakren zu erreichen. Und das bedeutet, zu begreifen, dass die Reinheit des Herzens die Fähigkeit ist, einander bedingungslos zu lieben, weil die Reinheit des Herzens das Einzige ist, was die Chakren in Drehungen bringt und den Menschen ermöglicht, sich in höhere Dimension einzuklinken.

Bei jeder Entmaterialisierung geht es doch darum, in ein höheres Element umgewandelt zu werden. Auf Erden kennt man ca. 120 Elemente, die bereits isoliert werden können. Davon sind die letzten die höchsten, die vorerst in ihrer isolierten Form allerdings den Menschen noch sehr schaden können, wie z.B. Plutonium. Aber je höher die Schwingungen im Bewusstsein der Menschen werden, desto stärker werden auch ihre Körperschwingungen verfeinert, und dann haben sie von solchen Elementen nichts mehr zu befürchten. Ganz im Gegenteil, sie werden dann alle weiteren Erfahrungen der Menschen erweitern, weil sie einen öffnenden Charakter für sie haben.

In der Tat verwandelt die Hypophyse bereits heute schon in sehr tiefen Meditationen Kohlenstoffelemente in Silizium, allerdings nur in minimalen Dosen. Diese Umwandlung ist aber wichtig für die Bewusstseinserweiterung als Grundstoff für die nächste Population. Silizium künstlich dem Körper zuführen zu wollen, ist so nicht möglich. Es muss als Produkt der Umwandlung in den Körper eindringen, und zwar in einer Art spirituellen Stoffwechsel. Noch haben die Menschen zu viel Kohlenstoff in sich, was sich aber bald ändern wird. Der Kohlenstoff wird zu Silizium kristallisieren. Dieser Prozess läuft über die Energiefelder der Chakren ab, wobei allerdings die Energieankurbelung nicht durch die Chakren erfolgt, sondern umgekehrt werden die Chakren nur über die Liebe mobilisiert. Und das allein ermöglicht dann auch den Einstieg in die nächst höhere Dimension. Dabei ist es notwendig, dass sich dieser Einstieg nahtlos von der materiellen Basis in die geistigen Bereiche ergibt. Dieser Übergang ist in der Tat über Silizium zu schaffen, denn dieses Element bietet dafür die besten Möglichkeiten. Es werden dann über Silizium in seinen Molekularsubstanzen Gedanken direkt erfasst werden können, weil hier eine Frequenzgleichheit beider vorliegt. Denn auch Gedanken sind nichts anderes als Schwingungen und darum auch mit allen Schwingungen der gesamten Materie verwandt und kompatibel. Es wird so sein, dass man Gedanken auf die Frequenz des Siliziums parallel schalten kann, wobei die Telepathie die gleiche Wellenlänge besitzt.

Es ist die Substanz der Kristalle, die eine unendliche Kraft besitzt. Kristalle sind Energieleiter und bringen die Gedankenformationen der Menschen mit den höheren Energien in vollständige Übereinstimmung. Dieser Schlüssel zum Tor in höhere Ebenen ist bereits in der Sehnsucht der Menschen zurück nach Gott angelegt. Doch das wird nicht eher passieren können, bis auch die Wissenschaftler endlich beginnen, sich bewusst dieser inneren Göttlichkeit zu öffnen, um die beschränkte Technologie zu überwinden; erst wenn das geschafft ist, kann jede Kommunikation über Telepathie gehen, weil das die „Sprache des Lichtes" ist. Solange aber die Menschen noch die Welt mit Metallmaschinen erobern wollen, ist das Wesen Gottes nicht verstanden; denn nur über die Macht der Gedanken geht der Weg.

14. Die verschiedenen Arten telepathischen Wirkens

Die telepathische Wechselwirkung nimmt ständig unter Menschen zu, wenn diese eine „Geisteshaltung gedanklicher Vertiefung" pflegen und eine unerschütterliche Liebe zu einander hegen. Jede Energie ist dem Wesen nach aktive Substanz und das gilt im Besonderen auch für die Telepathie, weil es hierbei immer um eine Verbindung mit dem Bewusstsein anderer Menschen geht; der Funktionsträger muss immer die Liebe sein; denn das Eindringen ins Bewusstsein anderer darf niemals von Ego-Intentionen begleitet werden. Allerdings wird man Telepathie erst dann verstehen, wenn man das Wesen der Kraft der Emanationen, Strahlungen und Energieströme besser erfasst hat. Das wird bald erfolgen, allerdings erst dann, wenn die betreffenden Zentren bewusst in Gebrauch genommen werden. Das Problem, die telepathische Sensitivität zu erlangen, beruht darauf, welcher von den drei „Körpern" (des Menschen) am stärksten in Tätigkeit ist, denn nur das lässt erkennen, wo ein Mensch sein subjektives Leben meistens führt und welches Zentrum in der menschlichen Gesamtkonstitution sich am deutlichsten zum Ausdruck bringt bzw. durch welches er am leichtesten mit dem Leben in Kontakt kommt. Gemeint ist damit: Wo die Lebensenergie am stärksten konzentriert ist, und sich die Empfangsenergie am meisten manifestiert. Das herauszufinden ist die wichtigste Voraussetzung für telepathische Verbindungen, was nur für eine integrierte Persönlichkeit möglich ist, die gleichzeitig die Fähigkeit hat, sich im Seelenbewusstsein zu konzentrieren. Denkvermögen und Gehirntätigkeit müssen ferner ebenfalls in vollkommende Übereinstimmung gebracht werden. Darum wird diese

Arbeit der telepathischen Übermittler im kommenden Neuen Zeitalter die wichtigste sein.

Hinsichtlich der telepathischen Kommunikationen gilt es, folgende unterschiedliche Verbindungen festzustellen:

- Die telepathische Verbindung besteht zwischen Seele und Denkvermögen.
- Telepathische Verbindungen zwischen Menschen besteht zwischen
  - Solarplexus und Solarplexus (rein emotional)
  - Denken und Denken
  - Seele und Seele
  - allen diesen Energie-Aspekten gleichzeitig (bei sehr weit Fortgeschrittenen).

Wir unterscheiden drei Arten der Telepathie:

Die **instinktive Telepathie** beruht auf jenen Energieimpulsen, die von einem Ätherkörper auf einen anderen einwirken. Solarplexus zu Solarplexus – „Gefühlskörper-Berührung". Neben dem Solarplexus befindet sich das Organ der Milz, durch dessen Vermittlung das PRANA direkt in den menschlichen Organismus eintreten kann. Diese instinktive Vermittlung auf ätherische Kontakte war die Verständigungsweise der vormenschlichen Populationen und nahm weitgehend die Stelle des Denkens und Sprechens ein. (Instinkt der Selbsterhaltung und Fortpflanzung). Eine höhere Form dieser instinktiven Telepathie ist uns bis heute noch in dem so häufig gebrauchten Ausdruck „Ich habe das Gefühl ..." erhalten geblieben. Bei dieser Art Telepathie ist beim Empfänger immer der Solarplexus beteiligt, beim Übermittler ist das Gebiet um das Zwerchfell im Spiel. In den abendländischen Kulturen ist dieses instinktive telepathische Wirken noch immer die hauptsächliche Äußerung. Es können auf diese Weise auch nicht denkende mentale Menschen durchaus telepathisch fähig sein. Das Zentrum, durch das sie wirken, ist der Solarplexus (Nabel-Chakra). Die Verbindung geht daher von Solarplexus zu Solarplexus.

Diese so genannte instinktive Telepathie betrifft in jedem Falle das „Fühlen". Dazu gehören alle Ausstrahlungen des Solarplexus, der bei der Tierwelt bekanntlich als „instinktives Gehirn" dient. Diese Art telepathischer Verbindung ist ganz klar ein Kennzeichen des tierischen Körpers im Menschen; Beispiel: Telepathische Verbindung zwischen Mutter und Kind. Auch Medien unterliegen nur diesen telepathischen Verbindungen. Solche Verbindungen (z.B. bei Seancen) werden hochintelligenten und mental polarisierten Menschen nicht wirkliche Botschaften übermitteln können. Diese telepathische Verbindung kann sich auf zweierlei Art bewegen:

• Solarplexus zu Solarplexus zwischen Menschen, deren Wesen stark emotionell, von Begierde beherrscht und überwiegend im animalischen Körper konzentriert ist.

• Solarplexus zu einem höheren Typus, dessen Zentrum auch im Solarplexus zwar aktiv wirksam, dessen Kehlzentrum aber ebenso tätig ist. Dieser Typus nimmt an zwei Stellen auf (vorausgesetzt, dass der vom Solarplexus-Typ erfühlte und ausgesandte Gedanke etwas mentale Substanz oder Energie in sich trägt). Reines Gefühl und vollkommen emotionelle Ausströmung zwischen Menschen erfordern nur den Kontakt über den Solarplexus. Doch gleichzeitig beginnt seit dem letzten Jahrhundert auch die zweite Art, die mentale Telepathie immer stärker um sich zu greifen.

Im Laufe der Zeit wird die **mentale Telepathie** immer mehr an Bedeutung gewinnen. In dieser Übergangsperiode ist es aber noch sehr schwierig, beide Telepathiearten zu definieren und auseinander zu halten. Innerhalb einer Mehrheit der Menschen bleibt allerdings die instinktive Telepathie noch lange maßgebend. Bei der mentalen Telepathie ist das Kehlzentrum (Hals-Chakra) vorwiegend beteiligt – zuweilen tritt auch eine geringe Aktivität des Herzzentrums hinzu, vor allem aber ist noch zu viel Solarplexus vorhanden. So kann eine ausgesendete Botschaft vom Kehlzentrum zwar erfolgen, der Empfänger wird aber wahrscheinlich den Solarplexus benutzen, was dann nicht zu einer Übereinstimmung führen kann. Das Kehlzentrum ist das eigentliche des schöpferischen Wirkens. Letztlich führen nur Energieströme aus dem Herzen zusammen und verbinden in Liebe.

Diese zweite Form telepathischer Verbindung ist die von „Denker zu Denker". Es handelt sich hierbei nur um mentale Typen, und je mehr Emotion, Gefühl und intensive Begierde ausgeschaltet werden können, umso genauer wird die Ausführung sein. Ist allerdings ein intensives Verlangen nach Erfolg dabei oder die Furcht vor Misserfolgen, so sind diese der sicherste Weg, um fruchtbare telepathische Bemühungen nutzlos zu machen. Nur Losgelöstheit ist von wirklicher Hilfe. Emotionen und Begierde beim Empfänger erzeugen ausstrahlende Energieströme, die zurückstoßen. Sie wirken dann wie ein Bumerang. Ursachen für den Misserfolg des Aussenders kann

- das intensive Verlangen, einen befriedigenden Eindruck auf andere zu machen, sein, und er wird den gesendeten Gedanken wieder zurückziehen;
- das eigene intensive Verlangen nach Erfolg sein, denn dadurch sendet er einen solchen Energiestrom hinaus, so dass der hereinkommende blockiert und zum Ausgangspunkt zurückgetrieben wird. Zuweilen, wenn der Empfänger dies wahrnimmt und die Flut seines Verlangens einzudämmen versucht, dann hat er nur den „Erfolg", sich mit einer Mauer verdrängten Begehrens zu umgeben, durch die nichts mehr hindurchdringen kann.

Die **intuitive Telepathie** ist die dritte Art. Hier werden drei Zentren zusammengebracht: Kopf, Kehle und Herz. Nur darüber gehen Eingaben aus höheren Dimensionen. Es ist darum absolut notwendig, eine bessere Erkenntnis über die Wirksamkeit der verschiedenen Zentren (Chakren) zu gewinnen. Denn alles, was im menschlichen Bewusstsein vor sich geht, findet stets eine Analogie auch auf der physischen Ebene; das Gleiche gilt für die Entwicklung der Sensitivität für Eindrücke. Diese dritte Art telepathischen Wirkens geht von „Seele zu Seele" – es ist die höchst mögliche Art der Botschaftsübermittlung. Das ist nur für eine integrierte Persönlichkeit möglich, die gleichzeitig die Fähigkeit hat, sich im Seelenbewusstsein zu konzentrieren. Denkvermögen und Gehirntätigkeit müssen ebenfalls in vollkommene Übereinstimmung gebracht werden.

„Seele zu Seele" – diese für die Menschheit höchstmögliche Art des telepathischen Wirkens wird beginnen, wenn die Menschen einmal anfangen, als Seele anderen Seelen zu antworten, was nur nach einer Erleuchtung stattfinden wird. Das telepathische Wirken zwischen Seele und Denkvermögen ist die Methode, durch die Denken stetig im Licht gehalten wird, um dadurch den Inhalt des Seelenbewusstseins wahrnehmen zu können. Das Denken nimmt also wahr, auf welche Ebene die eigene Seele selbst gehört, wenn sie in telepathischer Verbindung mit anderen Seelen steht. Und das ist der wahre Sinn der intuitiven Telepathie. Nur durch diese Verbindung wird das Denken eines empfangenden Menschen mit neuen geistigen Ideen befruchtet. Leider bleibt diese mentale Empfindungsfähigkeit und Verbundenheit zwischen Seele und Denkvermögen eine lange Zeit ziemlich unzulänglich auf der Mentalebene, wodurch das, was erfühlt wird, zu vage oder zu abstrakt bleibt, um formuliert zu werden. Es ist die Stufe der mystischen Schau. In einem weiteren Stadium bleibt zwar das Denkvermögen noch Empfänger der von der Seele kommenden Einflüsse, wird aber nun selbst zu einer „Vermittlerstelle" (oder einem Übermittler), die Eindrücke, die er von der Seele empfängt, als fertige Gedanken dem Gehirn eines anderen zusendet.

Diese verschiedenen Formen telepathischen Wirkens zwischen aussendenden und empfangenden Bewusstseinsbereichen kann man auch noch auf eine andere Art betrachten:

Solarplexus zu Solarplexus: geht über Fühlen, während kein oder kaum ein Gedanke daran beteiligt ist – es betrifft die Emotionen (Furcht, Hass, Widerwille, Liebe, Begierde etc.) und es geht instinktiv und unterhalb des Zwerchfells vor sich.

Denkvermögen zu Denkvermögen – dieses wird allmählich möglich, und zu dieser Art von Verständigung sind weit mehr Menschen fähig, als man jetzt annehmen mag. So wissen die Menschen heute oft nicht, woher die verschiedenen mentalen Eindrücke kommen.

Von Herz zu Herz – diese Art von Einwirkung ist die Sublimierung oder höhere Stufe jener „Gefühlsreaktion", die auf einer tieferen Stufe der Evolution im Solarplexus wahrgenommen wurde. Sie ist die Grundlage für jenen Zustand des „Christusbewusstseins" – es geht dabei nicht mehr um „persönliche Belange", sondern es ist einfach das Bewusstsein der Barmherzigkeit mit der Welt und um das Teilhaben am Leiden, unter dem die Menschheit mühsam ringt.

Darum ist es von großer Bedeutung herauszufinden, welches Zentrum bei einem Menschen das bewusst aktive, zugängliche und bestimmende ist. Das herauszufinden ist die wichtigste Voraussetzung für telepathische Verbindungen, was nur für eine integrierte Persönlichkeit möglich ist, die gleichzeitig die Fähigkeit hat, sich im Seelenbewusstsein zu konzentrieren. Denkvermögen und Gehirntätigkeit müssen ferner ebenfalls in vollkommene Übereinstimmung gebracht werden. Darum wird diese Arbeit der telepathischen Übermittler im kommenden Neuen Zeitalter die wichtigste sein.

Die erste Voraussetzung dafür ist die Kraft der Liebe mit ihrer empfangenden, passiv aufnehmenden Qualität ist die zur Übermittlung bestimmende Idee, in die ein telepathischer Vorgang eingekleidet werden soll. Sie ist auch die vom Empfänger verwendete Anziehungskraft. Übermittler wie Empfänger wirken also mit derselben Kraft. Der Übermittler benutzt aber die Liebesenergie des größeren Ganzen, während der Empfänger die Liebesenergie seines eignen Wesens auf den Übermittler konzentriert. Nur die Liebe ist dabei jene Qualität der Verbundenheit, die Übermittler und Empfänger aneinander bindet und außerdem den Zusammenhalt dessen bewirkt, was übermittelt wird. Allein die LIEBE (nicht Empfindung, Gefühlsseligkeit!) ist der Schlüssel zum telepathischen Wirken.

15. Von der Intuition zur Erleuchtung

Die zweite Voraussetzung ist die Kraft des Denkens. Sie ist die licht-bringende Energie, die den „Weg erleuchtet" für die göttliche Durchsa-ge. Licht ist feinstoffliche Substanz und kann sich als Energie des Den-kens in einem Lichtstrom verkörpern. Das ist die wichtigste Aussage, die in Bezug auf Telepathie gemacht werden kann. Der Erfolg hängt davon ab, inwieweit die Körper (ätherische Hüllen) des Übermittlers und des Empfängers aufeinander abgestimmt sind. Im kommenden Zeitalter ist daher nicht nur die magnetische Kraft der Liebe notwen-dig, um die gegenseitige Harmonie herbeizuführen, sondern es wird auch die mentale Entwicklung des Bewusstseins eine entscheidende Rolle spielen. Diese telepathische Verbundenheit und Resonanz ist das Hauptmerkmal der menschlichen Seele, die vom Denken zum Denken wirkt. Es ist ein Bewusstseinszustand, der ganz vom integrierten, men-tal entwickelten Menschen bestimmt ist, so dass dieser den mentalen Zustand eines anderen Menschen wahrnehmen und in sich aufneh-men kann.

Aber auch das Denken als letzte Bastion menschlicher Verhaftung muss noch transparent gemacht werden, in dem es nicht mehr den Zugang zur nächsten Dimension verstellt. Dann wird auch eine rein telepathische Übertragung möglich sein. Der Mensch ist ein Punkt göttlichen Lichtes, verborgen in einer Anzahl Hüllen (Äther-, Astral- und Mentalkörper), wie Licht in einer Laterne verborgen ist. Diese Laterne kann entweder geschlossen und finster oder offen und strah-lend sein. Sie kann entweder ein den Menschen scheinendes Licht, oder ein verhülltes Ding und daher für andere nutzlos sein. Durch rich-tige Disziplin und Meditation kann „das, was das Licht" verdunkelt, allmählich entfernt und die Wahrnehmung des Selbstes wieder erlangt werden. Es gibt nur einen Weg des Vorwärtsschreitens. Diesen Weg weist die Intuition mit einer überdurchschnittlichen instinktiven Feinfühligkeit; die analytische Vernunft folgt, festigt die Position und macht die Straße für die übrige Menschheit gangbar. Der Vormarsch ins Unbekannte beginnt mit einer Hypothese, und eine solche ist nichts anderes als ein mehr oder weniger nicht-rationales, intuitiv erlangtes Gebilde. Einmal aufgestellt, wird die Hypothese samt all ihren stillschweigenden Folgerungen mit dem Erfahrungswissen verglichen, so dass sie – wenn möglich – erprobt und vernunftgemäß erklärt werden kann. Alles das ist gleichbedeutend mit der Bewusstseinsentwicklung vom Intellekt zur Intuition.

16. Die Erleuchtung

„Wenn das, was das Licht verhüllt, beseitigt ist, tritt der Seinszustand ein, den man exkarniert nennt; er ist frei von der Veränderung des Denkprinzips. Dies ist der Zustand der Erleuchtung."

(Rumi)

Die charakteristischen Merkmale der Erleuchtung zeigen sich im Bewusstsein eines Menschen, der die früher beschriebenen Stadien bereits durchschritten hat. Erleuchtung ist ein Stadium im Meditationsprozess und ist ein Ergebnis des echten kontemplativen Zustandes und Seelen-Kontaktes. Dieser Zustand der Erleuchtung folgt unmittelbar nach dem Stadium der Kontemplation als Resultat eines erleuchteten Intellekts, einer intuitiven Wahrnehmung und eines inspirierten Lebens in der äußeren Welt. Dieser Zustand wird von allen Mystikern und all denen, die über mystische Offenbarung schreiben, anerkannt. Dabei problematisch ist jedoch der Umstand, dass der Mystiker meist unfähig ist, diesen Zustand der Erleuchtung zu definieren oder klar auszudrücken. Obwohl die Mystiker also unfähig zu sein scheinen, anderen einen Wahrheitsgehalt verständlich zu machen, der auf dem gewöhnlichen Wege der Erfahrung und Vernunft nicht erlangt werden kann, ist es trotzdem möglich, dieses grundlegende Problem in ein klareres Licht zu rücken.

Hier schaltet sich der Osten ein und zeigt das System, nach dem man Erleuchtung erlangen kann. Er legt eine Methode dar, die den Menschen zum Wissen des Einsseins mit seiner Seele führt. Diese Methode stellt als Ergebnis dieses Einsseins eine erleuchtete Wahrnehmung und intuitive Erfassung der Wahrheit als Tatsache hin. Das Denkvermögen reflektiert das Licht und die Erkenntnis der allwissenden Seele, und das Bewusstsein wird dadurch erleuchtet. Durch Konzentration und Meditation erreicht der Mensch eine weitgehende Beherrschung des Denkens und lernt, "das Denken stetig im Licht zu halten". Dann gleitet das Bewusstsein aus dem niederen Selbst und geht in den kontemplativen Zustand über, wo es als Seele funktioniert und sich als Wissenden erkennt. Das Wesen der Seele ist Erkenntnis und Licht, und ihr Daseinsbereich ist das Reich Gottes.

Dieser kontemplative Zustand geht jedoch bald zu Ende, und das Denkvermögen wird sofort zu erneuter Tätigkeit angetrieben, denn das Denkvermögen reagiert auf das Licht und ist imstande, alle Informationen zu registrieren und festzuhalten, mit denen die Seele es auszustatten versucht. Die Energien der Seele waren nach außen in die Welt göttlicher Wirklichkeiten geströmt. Der Zustand der Erleuchtung bringt eine Vision des Absoluten mit sich, ein Gefühl göttlicher Gegenwart, jedoch nicht wirkliche Vereinigung mit ihr. Es ist ein Zustand eines Losgelöstseins von allen irdischen Dunkelheiten, ein Erkenntniszustand, in dem das Denkvermögen in Beziehung zu Gott gebracht wird; und je länger dieser Zustand frei von emotionellen Reaktionen gehalten werden kann, um so unmittelbarer ist die Verbindung zwischen Seele und Mensch, um so unverfälschter sind die mitgeteilten Wahrheiten.

Ein Vergleich zwischen dem Weg des **Wissenden** (Theologie) und dem des **Mystikers** (Religion) mag hier angebracht erscheinen. Alles theologische Wissen ist das Ergebnis eines denkenden und begreifenden Erlernens des in einer Kultur bereits Erkannten und Bekannten. Dieses Erlernte wird im Gedächtnis als „geistiger" Besitz gespeichert, in die Regeln und Gesetze aller Vorstellungen und Erfahrungen einer Gesellschaft eingeordnet, um zu gegebener Zeit abgefragt und innerhalb konfessioneller Strukturen und Riten umgesetzt zu werden. Es gehört somit in den weltlichen Bereich wie alles Wissen, und bekanntlich „ist Wissen Macht". Im Gegensatz dazu widerfährt dem Mystiker in einer Art „Aufblitzen" einer intuitiven Offenbarung die Innenschau der Welt, wobei dabei der Weg dorthin nicht vom Kopf sondern vom Herzen ausgeht, was Emotion und Sinneswahrnehmung im Resultat der Ekstase mit einschließt. Nach einer solchen erfolgte fast immer eine Periode der Wiederanpassung an das tägliche Leben und oft ein Gefühl der Niedergeschlagenheit und Enttäuschung über das Entschwinden dieses hohen Augenblicks. Dazu kommt noch das Unvermögen, klar über das Erlebnis zu sprechen. Erst dann beginnt ein neuer Zyklus der Devotion und Disziplin, bis eine Vision wiederum erschaut wird und ein erneuter Kontakt zustande kommt.

Allerdings ist für viele Menschen vorerst noch die Erlangung der Erkenntnis Gottes von größerer Wichtigkeit als die Liebe zu Gott; denn diese besitzt man bereits latent als den eigentlichen Impuls ihrer Bestrebungen, nicht aber ihres gegenwärtigen Zieles. Der wahrhaft erleuchtete Mensch ist die seltene Mischung des Mystikers mit dem Wissenden und daher ein harmonisch ausgeglichener Mensch, dessen Bewusstsein, Erkenntnis und Seele in vollkommenster Einheit und Synthese zusammenwirken. Die Erleuchtung des Denkvermögens durch die Seele und das Ausschütten jener Erkenntnis und Weisheit, die das Vorrecht der Seele bilden, in das wartende und aufmerksame Denken, bewirken im wahrhaft geeinten und harmonischen Menschen ein direktes Erfassen der Wahrheit und ein unmittelbares Verstehen eines „Universalen Denkens".

Diese Art Erkenntnis wird manchmal Intuition genannt und ist eines der Hauptmerkmale der Erleuchtung. Eine zweite Wirkung auf das Denkvermögen besteht in der Aufnahmefähigkeit telepathischer Mitteilungen und in der Empfänglichkeit für die Gedanken anderer Denker, welche die Fähigkeit erlangt haben, auf dem Niveau der Seele wirksam tätig zu sein (morphogenetische Felder). Es handelt sich dabei weniger um so genannte telepathische Kommunikation auf physischen Ebenen (Solarplexus), noch von jenen zwischen Gehirn und Gehirn im gewöhnlichen Verkehr des täglichen Lebens, die uns allen bekannt sind. Vielmehr geht es um die Wechselwirkung und Beziehung, die zwischen göttlich abgestimmten Seelen hergestellt werden kann und deren Auswirkung in der Vergangenheit in der Übermittlung inspirierter Offenbarungen an die Welt, in den Heiligen Schriften und in jenen göttlichen Aussprüchen zu sehen ist, die von großen Gottessöhnen, wie Christus und Buddha, herrühren. Intuition und Telepathie sind daher in ihren reinsten Formen zwei Auswirkungen der Erleuchtung des Denkvermögens.

Mehr dem Denken verpflichtete Menschen haben einen andern Zugang zur Mystik. Diese Methode besteht darin, den Intellekt auf den Gegenstand seiner Bestrebungen zu richten. Sie ist der Weg des Denkens (jnana-yoga), dessen Disziplinierung, Beherrschung und Gerichtetheit auf ein einziges Ziel zusteuert: Gott. Man trennt sich vom Gefühl und ist an seiner eigenen persönlichen Befriedigung uninteressiert, denn das Denkvermögen ist der „gesunde Menschenverstand", der in seiner höchsten Funktion mit der Fähigkeit zur Synthese, zur Ganzheit, ausgestattet ist.

Auch im physischen Körper zeigen sich gewisse Reaktionen auf den Prozess der Erleuchtung: So ein Ansporn zu intensiver Aktivität, die eine ganz klare Wirkung auf das Nervensystem hat. Diese Wirkungen sind Manifestationen ein und derselben fundamentalen Energie, die von einer Körperhülle in die andere übertragen wird. Es ist das gleiche göttliche Bewusstsein, das sein Vorhandensein in verschiedenen Sphären menschlicher Wahrnehmung und menschlichen Verhaltens fühlbar werden lässt. Ebenso das Phänomen der Intuition, jenes unmittelbare Erfassen von Wahrheit, das unabhängig von der Vernunft oder einer Denktätigkeit erfolgt. Es ist das plötzliche Auftauchen einer vorher nie gewahrten Wahrheit im Bewusstsein als ein direkter Einfall aus der allwissenden Seele in das Denkvermögen. Sie wird sofort als unfehlbar evident erkannt und erweckt keinerlei Fragen. Alle plötzlichen Lösungen scheinbar unlösbarer oder unverständlicher Probleme und Erfindungen fallen unter diese Kategorie.

„ ... dieses erleuchtete Erfassen von Dingen, dieses Reinigen der Wahrnehmung erfolgt, wenn sich der Mensch höheren Bewusstseinszentren zuwendet. Seine von der Beherrschung der Sinne befreite, oberflächliche Intelligenz wird in steigendem Maße von der transzendentalen Persönlichkeit, vom „Neuen Menschen", verdrängt, der nun wieder zu seinem Ursprung zurückkehren kann. Daraus ergibt sich ein Zustrom neuer Lebenskraft, eine größere Fähigkeit, Visionen zu empfangen und eine außerordentliche Steigerung seiner intuitiven Anlagen."

(Alice Bailey)

Eine weitere Wirkung, auf die das Denkvermögen als Folge der Erleuchtung reagiert, ist Telepathie. Es wurde gesagt, dass „Erleuchtung selbst als das höchste Beispiel von Telepathie angesehen werden könne; denn während der ganzen Zeit, in der diese höchste Erleuchtung flammend hervorbricht, ist die menschliche Seele eine wahrnehmende, und das Licht ist die bewirkende Kraft oder Ursache". Diese verursachende Kraft wirkt durch viele Menschen, denn die Welt der Seele ist die Welt des Gruppengewahrseins. Die menschliche Seele steht nicht nur mit dem Universalen Denken in Verbindung, sondern auch mit allen anderen Denkenden, durch die jene göttliche Absicht wirken kann. Auf diese Weise können wir das ununterbrochene Auftauchen erleuchteter Schriften zu allen Zeiten erklären. Die „Kinder Gottes" haben sich durch beständige Kontemplation das geistige Rüstzeug geschaffen, um als Interpreten des Universalen Denkens und als Vermittler zwischen der nicht-telepathischen Menschheit und dem ewigen Brunnen der Weisheit zu fungieren.

Wie schon Gebser in seinem groß angelegten Entwurf von der Entwicklung des menschlichen Bewusstseins ausführt, stellen wir fest, dass wir in dem langen Evolutionsprozess, der den Menschen aus dem tierischen Stadium in das menschliche gebracht hat, nun jene Stufe erreicht haben, auf welche der Mensch eigenbewusst oder selbstbezogen ist. Er steht im Mittelpunkt seiner eigenen Welt, und das Universum dreht sich um ihn. In dem Maße, als der Mensch an Erkenntnis und intellektueller Bewusstheit zunimmt, arbeiten Gehirn als „Empfänger" und Denkvermögen harmonisch zusammen. Das Erstere wird einfach zum Werkzeug oder Instrument der bereits geschulten Instinkte und des kontrollierten Denkens. Dieses Denken schöpft aus dem aktiven Gedächtnis und aus der Umwelt das, was zur Weiterführung des Lebensprozesses in einer bedürfnisreichen Welt erforderlich ist. Der Mensch wird zu einem leistungsfähigen und nützlichen Wesen und nimmt seinen Platz innerhalb der Menschheit als „bewusste Zelle" ein. Und er beginnt, Gruppenbeziehungen zu erkennen.

Seit dem frühesten Stadium menschlicher Existenz bis zu dem des hochgradig harmonisch funktionierenden Menschen gab es immer auch ein Bewusst-Sein von etwas Anderem, von einem jenseits menschlicher Erfahrung liegenden Faktor, einem Ziel oder einem Suchen nach einer Gottheit. Dieses subtile und undefinierbare Gewahrsein kommt unvermeidlich zum Vorschein, bringt den Menschen ständig weiter voran und drängt ihn zur Suche nach dem, was ihm anscheinend weder das Denken noch die Umstände und die Umwelt zu geben vermögen. Man kann dies die Suche nach Gewissheit, ein Erstreben mystischer Erfahrung oder einen religiösen Impuls nennen. Er ist unfehlbar da.

Das beschreibt in groben Umrissen den Weg, den die Menschheit in ihrem Bewusstsein gegangen ist. Es schildert die Situation, in der man die heutige Menschheit antrifft: tüchtig, intellektuell, gut informiert, verantwortungsvoll, aber gleichzeitig auch unzufrieden. Sie blickt fragend in die Zukunft und sieht die Unvermeidbarkeit des Todes vor sich; sie sehnt sich nach einem umfassenderen Bewusstsein und nach geistigen Dingen, um über eine letzte Wirklichkeit Gewissheit zu erlangen. Dieser Drang nach einem umfassenderen Verstehen und Wissen ist ein Zeichen für den Aufbruch in ein neues Zeitalter, das Wassermannzeitalter, in dem die vollkommene Konzentration und leidenschaftliche Einstellung des Selbstes auf einen einzigen Punkt in der Einheit des Geistes und in den Banden der Liebe auf reale und übersinnliche Dinge angewandt wird. Das ist Ziel und Aufgabe der neuen Menschheit.

Literatur auf einen Blick:

Ken Wilber / Halbzeit der Evolution / Fischer 1998
David Bohm / Wholeness and implicate order / London 1980
Max Planck / Where is science going? / New York 1932
Werner Heisenberg / Physics and Beyond / New York 1971
Pierre Teilhard de Chardin / Die Entstehung des Menschen / C.H.Beck 1981
Sri Yukteswar / Die Heilige Wissenschaft / O.W.Barth 1976
E, Gabriel / Ein integrales Weltbild / München 1991
Jean Gebser / Ursprung und Gegenwart / Novalis Verlag 1979
Phil. Lersch / Aufbau der Person / München 1953
Nicolai Hartmann / Ästhetik / München 1951
P.D. Ouspensky / Auf der Suche nach dem Wunderbaren / München 1978
Dionys Aeropagita / Die Hierarchie der Engel / München 1957
Sri Aurobindo / Die Synthese des Yoga / Hinder 1972
Emanuel Swedenborg / Himmel und Hölle / Zürich 1977
Thomas von Aquino / Die menschliche Willensfreiheit / Düsseldorf 1954
Evelyn Underhill / Mystik / Bietigheim 1928
Alice Bailey / Gesamtwerk / Genf 1932
M. Fox, R. Sheldrake / Engel – die kosmische Intelligenz /München 1998